Teenagers
Behavior Shaping and Cultivation

青少年
行为塑造与养成

李　峰◎著

吉林大学出版社

·长　春·

图书在版编目（ＣＩＰ）数据

青少年行为塑造与养成 / 李峰著 .—长春：吉林
大学出版社，2021.8
ISBN 978-7-5692-8738-7

Ⅰ．①青… Ⅱ．①李… Ⅲ．①青少年教育－行为－研
究 Ⅳ．① G775

中国版本图书馆 CIP 数据核字 (2021) 第 177758 号

书　　名　青少年行为塑造与养成
　　　　　QING-SHAONIAN XINGWEI SUZAO YU YANGCHENG

作　者　李　峰著
策划编辑　樊俊恒
责任编辑　王　蕾
责任校对　邹燕妮
装帧设计　尚书堂
出版发行　吉林大学出版社
社　　址　长春市人民大街 4059 号
邮政编码　130021
发行电话　0431-89580028/29/21
网　　址　http://www.jlup.com.cn
电子邮箱　jdcbs@jlu.edu.cn
印　　刷　三河市德贤弘印务有限公司
开　　本　710mm×1000mm　1/16
印　　张　16
字　　数　200 千字
版　　次　2022 年 1 月　第 1 版
印　　次　2022 年 1 月　第 1 次
书　　号　ISBN 978-7-5692-8738-7
定　　价　56.00 元

前　言

　　青春少年，热情洋溢、风华正茂，正处于人生的黄金时期，这一时期也是为未来人生奠基的重要时期。

　　青少年思维活跃、探索欲强，具有创新精神，但也由于学识、认知和阅历不足，容易被误导，容易形成不良行为。

　　青少年似玉，玉不琢，不成器；青少年似树苗，苗不修，不成材。关注自我行为，塑造良好行为，才能收获幸福与成功。

　　本书探讨青少年行为，带你了解青少年健康成长的秘密。

　　关注行为，认识行为。从学校、家庭和社会中解密行为的养成过程，剖析行为的影响因素，帮你充分认识青少年行为塑造的重要性。

　　塑造行为，规范行为。跟随本书，从日常行为习惯做起，讲卫生、勤思考、订计划，收获自律；善待他人、尊重他人、交友有度、言谈举止有分寸，收获友谊；热爱分享、助人为乐、宽容谦让，收获欢乐；助力公益、懂得感恩，小小举动送温暖，参与创建美好社会，收获担当；积极锻炼、增强体质、磨炼意志，收获健康；去探索、去挑战、去创新，但不盲目、不逃避。综上种种，收获更丰富美好的人生。

养成良好行为，拒绝不良行为。教你轻松辨析行为，不被错误行为诱惑和误导，愿你慧眼辨是非，心中有标尺，用良好行为传递正能量。

本书结构完整、内容丰富，语言风格清新、亲切，书中特别设置"随感笔记"版块，亦师亦友伴你塑造与养成良好个人行为。

养成良好行为，创造更美好的未来。阅读本书，自省自律、惠己及人，为青春增添光彩、为人生幸福奠基，期待你，成为更好的你！

作者

2021 年 5 月

目 录

---------------------------------- 第一章 ----------------------------------

认识行为，了解健康成长的秘密

---------------------------------- 第二章 ----------------------------------

日常行为习惯好，生活、学习更轻松

---------------------------------- 第三章 ----------------------------------

良好社交行为，人际交往更顺利

------------------------------- 第四章 -------------------------------

亲社会行为，让你的人生路越走越宽

------------------------------- 第五章 -------------------------------

助力公益行为，一起创建美好社会

-------------------------------- 第六章 --------------------------------

积极参与体育运动，健身、健心又益智

-------------------------------- 第七章 --------------------------------

学会探索，而不是冒险

-------------------------------- 第八章 --------------------------------

对不良行为说"不"

第一章

认识行为，
了解健康成长的秘密

小小的一件事情，小小的一个行为，都体现着你的素养和品质，为你的成长铺路或设障。

从细节入手，养成良好行为，才能助你健康成长。

良好的成长环境、他人的榜样作用、自己的内在素质，这些都会影响你的行为。养成好的行为就要认识好的行为，发现好的行为，学习好的行为。

你知道什么是行为吗

在某种或某些需求或想法的影响下，你做出一些动作或反应，这些动作和反应就是你的行为。

例如，很多学校在大课间都会有预备铃，课外活动期间学生们正玩得开心，突然上课的预备铃响了。这时候，有的同学可能会选择回到教室，准备上课需要的课本，或者翻开书复习上节课的内容，而有些同学则选择再稍微停留一会儿，继续他们还没结束的游戏。

"立刻回到教室"或者"继续玩耍"是两种不同的行为表现，而这两种行为是在不同需求或者想法的影响下进行的。

每个人在日常生活、学习中会接触到很多行为规范、行为标准等，这些规范和标准促成个体的行为向着良好的行为发展。

良好行为也可以说是正常行为，这种行为一般能够得到大众的认同和赞赏；不良行为又叫偏差行为，一般会遭到大众的质疑或反对。

青少年正处于人生观、价值观和世界观形成的关键时期，要注意培养良好的行为，及时矫正不良行为。

爱护环境是青少年的良好行为之一

随感笔记

有利于你健康成长、发展，或者有利于社会和他人的行为都是良好行为，需要积极培养。

青少年都需要养成哪些良好行为呢？列举如下。

- 良好日常行为。

- 良好社交行为。

- 亲社会行为。

- 公益行为。

- 良好运动行为。

家庭、学校和社会，行为养成的摇篮

一场电影、一则新闻、一条广告，在某一刻可能会突然引起你的触动，进而改变你的行为。父母与老师的言传身教、社会中通过网络媒体传输的大量信息，也都在潜移默化地影响着你的行为。

家庭对青少年行为的影响

你有没有意识到，一些孩子在家庭中常常会模仿和学习长辈们的言行举止？其实家长的相处方式、做事风格、待人接物的态度、品行修养等都会对未成年人的行为造成很大影响。

如果一个人在包容、和谐、友爱的家庭中长大，那么当他到学校或者社会中与他人相处时也会更加懂得理解和包容别人。相反，如果一个人长期处在充满抱怨、指责和争吵的家庭中，那么他可能就不太懂得去理解和包容别人。

如果你的父母喜欢看书，那么你一般也会在他们的影响和带动下逐渐爱上看书，养成好的学习行为。

综上可见，家庭氛围对青少年行为养成的重要性。

和妈妈一起看书的女孩

学校对青少年行为的影响

青少年大部分的时间都在学校中度过，所以学校会对青少年的行为产生较大的影响。

学校培养学生，除了上课传授知识之外，也会制定很多行为规范，并且适时地开展法律宣传和道德教育，增强学生的法律和道德意识，让学生懂礼懂法，养成良好的行为习惯。

　　小黎和小婷是同桌，有一天上生物课时，两人觉得这门课程不重要，就在下面交头接耳。老师早就发现了她们的行为，但并没有点名批评，也没有看向小黎和小婷，只是站在讲台上提醒道："同学们，上课应该好好听课，这样既是对老师的尊重，也是对自己负责。"听到老师的提醒，很少受到批评的两人觉得无比愧疚，从此认真对待每一门功课，也收获了好的成绩。

　　小黎和小婷可能一开始并未意识到不认真听生物课是不良行为，老师的提醒和教育让她们意识到这一点并及时改正，从而养成了良好的学习行为。

社会对青少年行为的影响

　　上网或走在街上时，人们看到的各种各样的广告、宣传视频等，都传达着各种各样的信息；在街道、公园等公共场合中活动的行为各异的人们，也共同创造了当下的社会氛围。

　　身处社会中，人们每天接收着来自社会的各种信息，也被各种人物的行为所影响，所以社会氛围也是影响你行为的重要因素。

　　社会中形形色色的人和事，对人的行为的影响自然有好有坏，做一名睿智机灵的青少年，学会分辨行为的好坏，才能成长得更好。

　　多参加学校组织的集体活动或者公益活动等，不要过早接触社会以及浏览过多的媒体信息，也有助于你养成良好的行为。

随感笔记

家庭、学校、社会是青少年活动的基本场所。

要想养成良好的行为，成长为一名优秀的青少年，不管在哪种场所下，都要学会分辨行为的好坏，养成好的行为。在做出具体的行为前，要认真思考以下内容。

- 要想到行为会导致怎样的结果。
- 要明确行为对自己和他人有没有危害。
- 要知道某一行为是被大众赞同还是否定。

发现你身上的那些行为影响因素

生活中，外在表现出来的言行举止、品行修养，都可以归纳到"行为"这一概念的内涵里面。

行为虽小，却"事关重大"，坏的行为阻碍青少年的人生成长，甚至会导致青少年误入歧途；好的行为，是青少年人生发展的"强大助推器"。

行为如此重要，但要问影响青少年的行为因素都有哪些？想必很少有人认真思考过这一问题。

接下来一起"剖析"自我，寻找自身行为影响因素的"密码"。

 影响行为的先天遗传因素

自从社会心理学诞生以来，研究人们行为的心理学家就一直在试图发现我们身上的行为之谜。

一个人的行为，究竟从何而来呢？

有人认为，人的行为受先天基因遗传的影响比较大，为此还列举了一些例子加以佐证。

比如吃糖这件事情，小孩子大都爱吃糖，见到甜甜的糖果就喜笑颜开，但是频繁、大量地吃糖会导致蛀牙，吃糖过多还会导致肥胖、血糖含量高，进而引发各种身体问题，糖并非像表面看起来那样美好。

尽管如此，很多人，尤其是少年儿童还是依旧对糖类食物爱不释手，这究竟是为什么呢？对此有心理学家进行了研究。

心理学家研究发现，在早期的远古时代，人类在和凶猛的野兽、残酷的大自然斗争中，常会遇到食物匮乏的局面，在这种情况下，人类就对高能量的食物"情有独钟"，含有糖分的糖类食物正好满足了早期人类的需求。久而久之，对糖类食物的偏爱，就内化在人类的基因深处，一代代地传承至今。

还有一个例子也比较有趣。人们都有紧急避险的"应激反应"，当遇到危及生命的情况时，大多数人的反应是拔腿就跑，先确保自身安全再说。

有人分析认为，这种应激反应其实也是人类远古时期的基因传承。早期用于防御猛兽侵袭的工具不多，当遇到大型食肉动物时，人类在抵抗力不如对方时，第一反应自然就是扭头就跑，将确保自身安全放在第一位。

凡此种种生理本能反应，很多都是先天基因信息传递延续的结果。

人的很多行为都受先天基因遗传的影响。

例如，父母双方或一方的性格暴烈，他们的子女在未受到良好的教育之前，在性情方面也常会表现出激动、易怒的特征，经常会出现大吼大叫、摔东西等行为。

再如，父母性情柔和，举止优雅，心态积极向上，他们所养育的子女，其中的大多数自小就表现出平和从容的性格特征，待人接物周到热情。

当然，也有很多行为是在后天环境或因素的影响下形成的，如彬彬有礼、乐于助人等，在这些行为的影响因素中，后天影响因素发挥着主要的作用。

影响行为的后天养成因素

既然一个人的行为和后天的影响因素之间有着莫大的关系，那么都有哪些具体的表现呢？

★ 童年成长环境

青少年的生活、学习环境以及所接触到的人，都会影响青少年的行为。童年的经历对一个人的性情和行为习惯影响尤其深刻。

仔细观察生活不难发现，很多孩子没有养成良好的卫生习惯，和他们的家庭环境有着很大的关系。在家庭内部，父母长辈都比较邋遢，家中物品的摆放很随意，在这种环境中长大的孩子，又怎么能够养成一个好的讲卫生行为呢？

原生家庭中，父母的言行举止对孩子的个性有着潜移默化的引导示范作用。

芷涵的童年充满了阴暗的色彩，从她记事起，父母因为感情不和等原因，经常爆发激烈的争吵。小小的芷涵，面对父母尖锐的矛盾冲突，一开始只能是无助地大声哭泣，后来她发现自己的哭泣丝毫无助于问题的解决，于是每当父母之间发生冲突时，她就选择躲在自己的房间里，默默忍受着外界的"狂风暴雨"。

久而久之，在这一原生家庭影响下长大的芷涵，不相信身边的人，也不愿意和别人交朋友。相比与同学们聚在一起玩耍说笑，芷涵更愿意自己待着。

芷涵很少参加集体活动，在班级组织的各种小组学习、实验活动中，芷涵更愿意自己独自完成学习任务或实验，而不是与其他同学合作。

★ "从众心理"

抛开家庭成员和家庭生活环境的影响，在社会这一大环境中，从众心理对一个人的行为养成，也有着不可忽视的引导作用。

例如，身边的人喜爱吸烟，以吸烟"为荣"，感觉这是一件很酷的事情，在这种环境的影响下，一些青少年虽然明知道吸烟有害身体健康，然而还是"抵御"不住环境的影响，潜意识里认为自己如果不吸烟，就是一种"不合群"的表现，也就只好随波逐流，久而久之，就会养成不良的行为习惯。

★ 学校的教育和塑造

这一点很好理解，学校是读书育人的场所，学校里面的老师自然会教授学生良好的个人行为，提升他们的个人素养。在学校这个大环境之中，好的礼仪行为、言谈举止以及积极向上的道德塑造，都对青少年的身心成长起到了不可忽视的引领作用。

综合而言，个体行为和家庭环境、学校教育以及社会大环境等，都有着较为密切的关系，因此抓好青少年的后天成长教育，自然就显得尤为重要了。

★ 青少年认知局限对行为的影响

青少年时期，是个人行为、习惯、价值观等形成的重要时期，是他们自我人格和行为形成的关键时期。但是，一些青少年因为认知上的局限，自身对善恶美丑的辨识度低，常常导致个人行为出现偏差。

例如，有些青少年爱讲义气，认为不管朋友遇到什么样的困难，为朋友"两肋插刀"的行为，就是一种讲义气的表现。为此，他们在自身对"义气"没有一个良好认识的情况下，常会做出一些缺乏理智的冲动行为，对打架、斗殴习以为常，并为此自鸣得意。

实际上，青少年身上所体现出来的这些暴力倾向，正是他们认知局限的集中展示，导致自身出现不良的人格问题，也必将为此付出一定的代价。

"择其善者而从之，其不善者而改之。"要想突破自身认知局限的弊端，就应以"见贤思齐"的标准来要求自我，时时对照自我，检视自我，提升对自我不良行为的辨别能力。

良好行为养成，为你创造更美好的未来

英国著名学者培根对于良好习惯的养成，说过这样的话语："习惯是人生的主宰，人们应该追求好习惯。"从他的话语中不难看出，良好习惯对人生发展的重要性。在很大程度上，一个人是否能够拥有良好的习惯，关系到他人生的成败。

对于青少年来说更是如此，青少年是人生开启的初步阶段，在这一阶段中，如果能够以严格的要求督促自我养成良好的生活习惯和社交礼仪，相信一定能迎来更加美好的人生。

良好的行为都有哪些呢

青少年良好行为表现在多个方面，如合理健康的饮食，干净整洁的卫生习惯，勤于思考，合理的学习计划；在社交行为上，落落大方的衣着穿戴，明白善待他人的重要性，学会尊重他人的隐私；在亲社会行为上，懂

得分享和尊重他人，乐于助人，拥有一个宽广的心胸等。

这里提纲挈领、简单探讨以下几种良好行为，更多青少年良好行为，具体将在本书后面章节详细介绍。

★ 健康卫生的生活习惯

好的生活习惯非常重要，它对提升个人的外在形象有着显著的效果。比如，按时起居、穿戴整洁、朴素大方、讲究卫生、有益于身体健康的饮食理念等，都属于这一范畴。

★ 优良的个人素养

优良的个人素养是个人良好行为的重要展示，诸如勤劳简朴、体贴长辈、举止文明、遵守公共秩序、严以律己、诚实守信、尊敬老师、关心同学、言行一致、互帮互助等，做到这些，个人的综合素养将会有极大的提升。

★ 恰当的社交礼仪

社交礼仪是优良个人素养的进一步延伸。在日常的社交活动中，待人热情、用语礼貌、尊重身边的每一个人等，都可以归入社交礼仪的范围之内。恰如其分的社交礼仪，更能彰显青少年落落大方、从容自信的一面，由此会赢得更多人的好感和喜爱。

和谐、友爱、互助

良好行为是开启青少年美好人生的"密钥"

纵观古今，在历史的长河中，凡是能够取得伟大成就的人，他们无一不意志坚定、坚韧不拔，认定目标就要千方百计去实现。而这一切，都来源于他们从青少年时期就养成的个人良好行为。

东晋时期著名的军事将领祖逖，就是这样一个自控力非常强的历史人物。

祖逖在少年时期就胸怀大志，拥有一颗建功立业的雄心。但祖逖也深知，仅凭一腔热情还远远不够，只有具备过硬的本领和胆略，才能出人头

地，实现人生的远大理想。

为了早日实现心中理想，祖逖每天刻苦好学。早晨，当雄鸡第一声唱晓时，祖逖便立即翻身起床，勤奋地练习武艺，由此后世也留下了"闻鸡起舞"的历史典故。

从祖逖的故事来看，他之所以千古闻名，并做出一番大事业，显然和他少年时期勤勉的个人行为密不可分。

想要养成良好的个人行为，不妨从自律、自强做起，相信你会收获很多。

★ 良好行为有助于青少年身心的健康成长

青少年处于身体发育的关键时期，在这一阶段，养成一个良好的生活习惯，自然有助于青少年身体的茁壮成长。

以按时作息、合理饮食、注意个人卫生为例，这些有规律、讲卫生的良好生活习惯和行为，一方面可以保证青少年获取丰富的营养，另一方面可以让青少年拥有充沛的精力和体力，远离病魔的侵扰，更加茁壮健康地成长。

★ 良好的行为有助于青少年拓宽人际关系

自小养成善待他人、尊重他人的优良品行，能够推己及人，懂得换位思考的道理，拥有包容谦让的博大胸怀会让青少年赢得许多真诚的朋友，更受人欢迎，也会获得更多良好的个人展示与发展机会。

总之，注重良好社交行为的养成，也会让青少年认识更多优秀的人，自己也会变得更加优秀。

★ 良好的行为为成功人生奠基

勤奋自律，做事有计划、有条理，按照既定的目标稳步推进，这些好的行为习惯，能让青少年学业有成。

更重要的是，良好的行为会伴随青少年的一生，并在日后走上工作岗位后，获得事业成功的机会，推动人生向着更高的方向发展前进。

如何养成个人的良好行为

个人良好行为的养成，需要一个长期坚持的过程，持之以恒，从最初的被动不习惯，逐渐到自觉遵守，并终身受益。

★ 有正确的判断力

每个人都有这样或那样的行为习惯，很多时候，一个人自身的这些行为，往往受身边人的影响。

你身边的人良好的行为习惯，自然会带给你以正面积极的导向；反之，那些爱随地吐痰、不讲卫生、综合素养低的人，会对你起到反面示范效应。低年龄阶段的少年儿童善于模仿他人，更易受到不良行为习惯的影响。

任何时候，青少年都应提升对自身行为的辨别能力并具有正确认知，知道哪些行为是对的，哪些行为是错的，并从中有所取舍，选择正确健康的行为方式。

★ 严格要求自我

良好行为的养成，需要个人具有强大的自制力和意志力，"三天打鱼两天晒网"的态度最要不得。

举一个简单的例子，着装整洁干净，是一个人综合素养的外在体现，生活中有些人虽然也知道穿戴干净清爽的重要性，但是他们很难让自己长期坚持下来，一件干干净净的衣服，穿不了几天就变得邋里邋遢，懒得清洗，他们觉得这样自由随意。

任何一种行为习惯的养成都需要持之以恒，青少年要有强大的自控能力和顽强的意志力，努力坚持，才能养成良好的行为，进而结出丰富的人生硕果。

★ 以监督促进成长

有些青少年的自控能力差一些，想要坚持，又担心做不到持之以恒。最好的办法就是和身边的同学、朋友形成"君子协议"，相互监督，彼此督促，不给自己放松的机会。相信在个人内外因的共同作用下，更能促进良好行为的快速建立。

比如在学习上，当意识到自己有习惯拖延的缺点后，不妨和关系不错的同学们共同约定，相互监督对方的学习情况，做到按时完成课后作业。相信经过一段时间的彼此督促之后，身上的"惰性"将能得到很好的控制。

随感笔记

好的行为习惯，会让人受益无穷；坏的行为习惯，无疑会贻害终身。养成好的行为习惯要明确以下几点。

- 用好习惯来规范自我，学习他人好的行为。
- 制订合理的计划，一条一条扎实地去落实。
- 持之以恒，既然制订了计划和目标，就要克服一切困难去实施。
- 强化意志，战胜自我，克服懒惰、拖延的坏习惯，时时督促提醒自我立即行动起来。

第二章

日常行为习惯好，
生活、学习更轻松

看似小小的日常行为习惯，其实对青少年的人生成长有着莫大的影响。

　　养成讲卫生的好习惯，树立合理饮食、营养均衡摄入的理念；在学习过程中做到多思考、多总结；有目的、有计划、有条理地做事情，讲求事半功倍的高效率行为方式。

　　从细微处做起，塑造良好行为，让你的人生更精彩。

讲卫生，让生活多一点美好

东汉名臣陈蕃在年轻的时候，是一个不讲究卫生的少年。他居住的房屋中，常杂乱不堪，灰尘布满了桌面，陈蕃对此十分坦然。

有一次，陈蕃父亲的好友薛琴前来看陈蕃，看到陈蕃居住的环境非常差，院子里杂草遍地，屋子里满是尘埃，就劝陈蕃说："一屋不扫，何以扫天下？"意思是说，一个人连自我最基本的居住环境都做不到清洁卫生，又如何能够担当治理天下的重任呢？

从薛琴的口中，可以得知讲卫生的重要性。从表面上看，讲卫生好似是个人的生活习惯，但实质上，一个人能不能讲卫生，也在很大程度上关系到这个人是否拥有最基本的自控力，决定着一个人人生道路能否长远的问题。

为什么要讲卫生

"讲卫生"这一词语内涵丰富，它不仅指代个人的卫生状况，也指代

人们所处生活环境的优与劣。

就个人健康行为习惯而言，勤洗脸、勤洗手，做到衣着整洁，无论是个人居住的场所，还是学习的地方，都要做到物品摆放有序，桌椅清洁干净无尘埃。这有助于个人健康成长，远离疾病。

也许在一些人的眼中，讲卫生是一件无足轻重的事情，甚至在这些人的潜意识里，讲卫生只是个人的生活习惯而已，和他人无关。显然，抱有这种观点的人，还未完全明白讲卫生的重要性。

★ 讲卫生，拥有一个好身体

俗语常说"病从口入"。这句话的意思非常容易理解，一个人生病，大多数都是因为不讲卫生造成的。

不洗澡、不勤换衣服，天长日久，极易造成细菌的大量滋生，当这些细菌积累到一定程度时，各类病毒将有恃无恐，长驱直入，就会侵害我们身体内部的健康细胞，从而导致疾病的发生。

世界卫生组织的研究数据也证明了这一点。在大量的案例调查中，人类 60% 的疾病，大都是因为细菌在背后"捣鬼"，而不讲卫生，为细菌的繁殖提供了最佳的"温床"，进而一步步危害到了我们的身体健康。

★ 讲卫生，拥有美好心情

一个人身心愉快的体现是什么？

当我们生活在一个阴暗潮湿、垃圾遍地的生活环境中时，不仅自身的身体健康会受到严重的影响，同时心理健康也将因此走入低谷。

当我们面对糟糕的生活环境时，常会表现出烦躁、懒散、自暴自弃的心理特征。

没有一个健全的心理，又怎能有健康的身体呢？

因此，讲卫生，是身和心相得益彰的相互协调和配合。生活环境好了，身心会愉悦无比，身体状况也会向好的方向发展；反之，在一个乱成一片的环境之中，糟糕的心境会反过来对我们的身体健康产生负面作用。

★ 讲卫生，是一个人基本素养的体现

生活中，你愿意和哪些人交往呢？显然，一个衣着得体、干净整洁的人，更容易引起我们的好感，从心理上也愿意和对方亲近。

讲卫生，是一个人基本素养的外在显现。在与人交往中，表现得讲卫生、爱干净，也是尊重自己和尊重他人的良好个人素养的体现。

★ 讲卫生，是青少年提升自我控制力的开始

苏轼的《晁错论》一文中有一句说得非常好："古之立大事者，不惟有超世之才，亦必有坚忍不拔之志。"

一个人的意志力从哪里来的呢？自然是从身边的小事情培养起来的，试想，一个人如果连日常的卫生清洁工作都做不到，又如何有恒心和毅力去实现自我人生的辉煌呢？缺乏必要的自我控制力，又何谈个人的长远发展呢？

正如前文中陈蕃的故事所带来的启示：讲卫生，不单单是个人养成的良好生活习惯，更为重要的是，个人的卫生整理好了，生活和工作也会因此有条理、有规划，这也将为一个人健康成长和发展打下良好的基础。

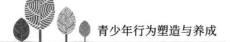 **不讲卫生的危害**

小伟是一个活泼开朗的少年，为人热情，做事积极，在同学们眼中，他是一个乐观向上的好少年。

但是，小伟也有一个很大的缺点，那就是不讲卫生，就连最基本的洗脸刷牙等个人卫生也是随便应付一下或者找各种理由逃避。很多时候，小伟的袜子和鞋子也总是不及时清洗，还到处乱丢。妈妈经常提醒小伟要讲卫生，可是小伟依然是一副满不在乎的样子。

小伟喜欢打篮球，每次从球场大汗淋漓地回家后，总是拿起水杯就喝水，找到吃的就往嘴里塞，根本想不起来要先洗手。

有一次，当小伟在操场上和同学们正愉快玩耍的时候，突然间大汗淋漓，肚子疼得要命。等到他实在忍受不了，前往医院检查时才发现，因为个人卫生问题导致他得了肠胃炎，病好之后，小伟吸取教训，这才慢慢改掉了不讲卫生的坏习惯。

一段时间后，小伟每次从外面回到家里，最先做的事情就是换鞋、洗手，鞋袜和衣服也经常换洗。现在，小伟不仅自己注重卫生，他还提醒妈妈要勤通风、多晾晒被褥呢。

青少年意气风发，每一天的日子都是灿烂的；在青少年生命的长河中，人生的画卷也才徐徐展开，未来还有更多美好的日子。

如果你想要养成良好的个人行为，不妨先从一些细微的事情做起，从日常卫生习惯做起，从小养成讲卫生的良好行为习惯，这将让你在收获健康的同时，也收获自律。

如何讲卫生呢

懂得了讲卫生对自我身心健康的重要意义之后，就要努力做到讲卫生，那么该从哪些方面入手呢？

★ 勤洗手、勤洗澡、勤换衣

手是人类最为重要的身体器官之一，吃饭、喝水、穿衣等都需要手来参与。如果手不能保持干净，就极易滋生、滋养细菌，长此以往，会导致疾病的发生。明白了这一点，就应该懂得洗手的重要性，时时谨记要勤洗手。

虽然洗手是一件微不足道的小事情，不过想要洗干净手，也需要一定的小技巧。比如，洗手的时候，要多采用流动水冲洗，同时手的正反两面都要搓洗到，以确保手的各个缝隙都能清洗干净，减少细菌侵入的风险。这里为你推荐六步洗手法。

- 洗手掌，双手掌心相对，相互揉搓。
- 洗指缝，两手掌心相对，手指交叉，相互揉搓。
- 洗手背，左手掌心附在右手背上；双手互换，右手搓洗左手背。
- 洗拇指，左手抓握搓洗右手大拇指；同理，右手抓握搓洗左手拇指。
- 洗指尖，五指捏握，放在对侧手心旋转搓洗手指尖。
- 洗手腕，左右手交替抓握搓洗另一只手的手腕。

除了勤洗手，还要勤洗澡、勤换衣。

和勤洗手的道理一样，勤洗澡、勤换衣是对个人整体的一次清洁大扫

除，在条件允许的情况下，勤洗澡，勤换干净的衣物，有助于减少细菌的入侵和感染概率。

★ 不随地吐痰，爱护公共卫生

一些青少年逞一时之快，养成了随地吐痰的坏习惯。这样做，很容易让细菌大量滋生繁殖，对个人以及周围人群的身体健康产生不良的影响。

日常生活中，很多流行性的感冒或疾病，大多是因为随地吐痰这一坏习惯所引起的，这一点尤其值得引起注意。

可不要小瞧讲卫生这件小事，青少年不仅要注意个人卫生，也要爱护公共卫生，健康卫生的环境需要大家共同创造。

健康饮食，收获好身体和好心情

营养均衡的饮食行为习惯，对青少年的身体健康有着重要的作用。

对于处于青春期成长阶段的青少年来说，合理均衡的膳食结构，是身体正常发育的必要保证，暴饮暴食、挑食、偏食，甚至是节食等，都会危害身心健康。

营养均衡的重要性

营养学专家普遍认为，均衡饮食指的是在进食选择上，要尽可能地选择多品类的食物，从而为身体的正常生长发育提供各种必要的营养素，同时帮助身体增强抵抗力。

青少年的饮食应丰富，这样才能从各种食物中获取身体生长发育所需要的全面的营养。

蛋白质、糖类、脂肪被称为人体三大营养素，是人体细胞的重要构成物质，也是身体参与活动的重要能量来源。维生素、矿物质、水是人体正常生理活动不可缺少的营养素，如果缺少，会导致人体内部生理环境的失衡，进而影响健康。

日常饮食中，没有哪一种食物能包含人体所需的全部营养素，因此要想获得全面的营养，就必须做到健康饮食、不挑食。

肉类中含有丰富的蛋白质，鸡蛋和牛奶中富含蛋白质、钙、氨基酸等有益营养物质，能促进青少年肌肉、骨骼的正常发育。

蔬菜、水果中含有丰富的维生素、糖类，还有多种身体发育所必需的食物纤维、钾、胡萝卜素等有益营养物质，这些营养物质对青少年身体的健康成长也非常重要。

一些青少年为了在打球或踢球时增强力量，为了快速长高，常会偏爱吃肉；还有一些青少年觉得自己太胖了，会在吃饭时只吃蔬菜。

过分地重视肉类食物的摄入，或是偏重于强调蔬菜类食物对身体健康的重要性，都是一种较为偏颇的观点和认识，都不利于青少年身体的健康发育。

偏食或暴饮暴食的危害

青少年的身体发育离不开均衡的营养和良好的饮食习惯，偏食或暴饮暴食都要不得。

乐乐的父母是做商超生意的，在他所居住的城市里开设了好几家连锁便利店。乐乐是同学眼中令人羡慕的"在零食堆里长大"的孩子，乐乐除了爱吃零食，还特别喜欢喝碳酸饮料。每次感到口渴的时候，乐乐很少想到喝白开水，往往是直接拿一瓶饮料一饮而下。

一开始，乐乐的父母还适当控制乐乐喝饮料的行为，不过每次制止，总会惹得乐乐满脸不高兴，看着乐乐委屈的小脸庞，乐乐的父母就有些"于心不忍"了，既然自己家里不缺这些饮料，又何必让孩子得不到满足呢？

渐渐地，乐乐越来越爱喝碳酸饮料，一旦感到口渴，直接开瓶畅饮，过一把瘾，最后发展到一天都要喝上三四瓶，有时候竟然将饮料当成一顿饭，喝饱了就对食物没有了兴趣。乐乐父母的鲜少制止更助长了乐乐这种将饮料当水喝的"疯狂"行为。

到小学五年级的时候，乐乐越发不爱吃饭，对食物提不起任何的兴趣，去医院检查后才发现，原来乐乐竟患上了厌食症。而且乐乐的牙齿也因长期喝饮料出现了严重龋齿，乐乐的身体也越来越胖，体重远远超过了同龄的孩子，个子却不见长高。

没有节制、过多地喝碳酸饮料，让乐乐的消化系统出现了问题，这也是导致他出现厌食症问题的诱因；并且由于长期大量饮用碳酸饮料，除了摄入糖分过多的弊端之外，碳酸饮料中的磷酸还极大影响了乐乐身体对钙类物质的吸收，由此让正处于长个子关键时期的乐乐，出现了骨质疏松的症状，骨骼发育迟缓，个子迟迟不长。

拿着检查报告，乐乐才终于认识到自己毫无节制地喝碳酸饮料的错误行为。后来，在父母的帮助下，乐乐每天按时吃饭，不挑食、不偏食，努力改正了不良的饮食习惯，乐乐还戒掉了"饮料当水喝"的习惯，喜欢上了喝白开水，按时刷牙，定期检查牙齿，龋齿的情况改善了不少，一个暑假后，乐乐的个子也长高了一些。

轩轩与乐乐不同，轩轩不像乐乐那样过分地喜爱一种食物或饮料，轩轩不挑食、不偏食，每次吃饭胃口都很好。

轩轩从小在爷爷奶奶身边长大，奶奶每次都会做一大桌子的饭菜给轩轩吃，看到轩轩每次吃到打嗝，爷爷奶奶很是开心。爷爷奶奶觉得，吃得多才能长得高、长得壮。轩轩为了让爷爷奶奶开心，每次都会吃得很饱。

轩轩的确比同班同学更高、更壮，但是轩轩也比同学更胖，常常感到一走路就累，每次上体育课都坚持不下来。渐渐地，轩轩自己也觉得自己太胖了，于是主动跟爷爷奶奶沟通，并把学校健康课上老师曾讲过的一些健康饮食行为和习惯说给爷爷奶奶听，爷爷奶奶很认可轩轩的做法，于是每天的饭菜少了油炸食物、更清淡了一些，鼓励轩轩吃八分饱，平时加强运动锻炼。

一年以后，轩轩的体重就恢复了正常，整个人的精神状态也好了不少。

偏食、暴饮暴食是不良的饮食习惯，都会影响到青少年正常的身体发育。

 ## 做到健康饮食并不难

★ 饮食要全面

对于青少年来说，在维持身体必需营养摄入方面，肉、蛋、奶类食物必不可少。这些食物富含各种蛋白质，是促进个体身体发育的重要营养来源。但需要我们注意的是，肉类食物和蔬菜类食物要合理搭配，确保营养均衡。

★ 饮食健康，尽量不吃垃圾食品

选择健康的食物很重要。处在发育期的学生们，除长个子之外，还应让正在快速发育的大脑得到充足合理的营养补充。

比如在水果类的食物中，柑橘、柠檬、金橘、草莓等是首要的选择。这些水果中含有大量的维生素 B_1 和维生素 C，这些营养物质是促进青少年身心良好发育的重要营养补充。

油炸食品、巧克力、辣条，这些食物能给人丰富刺激的口感，过多食用这些高热量、高含糖量、辛辣的食物会增加人体的血糖含量，导致肥胖，刺激肠胃。如果你也偏爱这些食物，要有节制、不贪吃。

不挑食，重视饮食健康

★ 养成健康的饮食方式

早餐，一定要吃得丰盛一些；午餐要吃得相对饱一些；晚餐则要少吃，同时要注意多吃一些少油、低盐、清淡的食物，这样做有助于减轻夜间睡眠时肠胃的负担。

随感笔记

营养均衡的饮食习惯，不仅有助于青少年身体的健康发育，还有利于身心的愉悦，使青少年有充沛的精力、强大的自信心以及积极向上的心态，拥有旺盛的学习动力和求知欲。

健康饮食，要做好以下三个方面。

- 进食多种类的食物，做到营养均衡，不能偏食。
- 避免暴饮暴食，不能因为个人的喜好，吃太多喜欢的食物，切记远离油炸类或太甜、太咸的食物。
- 注意荤素搭配，有条件的情况下要多进食谷物类、水果类的食物，以吸收身体成长过程中所需的各种营养物质。

勤思考，让学习成为爱好

"学而不思则罔"这句话是《论语》中著名的言论之一，流传久远。这句话的意思其实不难理解，孔子在这里语重心长地告诫天下孜孜不倦的学子们，在日常的学习过程中，只知道单纯地学习，而不懂得深入地思考和总结，做不到理论联系实践，那么将会难以深入理解与掌握所学习到的文化知识，最终会使自己变得迷茫，学习效果会大打折扣。

行成于思，毁于随

对于青少年来说，在日常的学习过程中，勤于思考、善于思考非常重要，是提升个人学习效率、增进对科学文化知识掌握的一个主要途径。不会思考或不善于思考的人，看似在用功勤奋地学习，实则收效甚微，并没有真正掌握知识的精髓。

卢瑟福是英国著名的物理学家，在近代物理学界拥有崇高的威望。

有一次，天色很晚了，卢瑟福临时有事，匆忙返回他的实验室。在明亮的灯光下，卢瑟福发现他的一位学生依旧在忘我地工作着。

一开始，卢瑟福对这名学生勤奋的工作态度而感到高兴，但接下来的询问中，卢瑟福发现了学生的问题。

卢瑟福问学生："这么晚了，你还在工作吗？"

学生回答说："是的，先生，我要完成手头的这项实验。"

卢瑟福又问："那你白天的时候在做什么，为什么要忙到这么晚？"

学生回答说："白天我也在工作。"

卢瑟福思索了一下，又问："那你早上在做什么，莫不是也在工作？"

学生骄傲地回答："是的，先生，早上一起床，简单洗漱吃饭后，我就投入工作中了。"学生以为老师会表扬自己。

卢瑟福却严肃地反问道："你整天都在忙于工作，请问你还有什么时间用来思考呢？"

这则小故事到此为止，故事虽然不长，但让人意犹未尽。

学生的忘我工作并没有得到卢瑟福的肯定和赞扬，卢瑟福认为，整天忙忙碌碌沉浸在工作中的学生，缺少了必要的思考时间，那他即使做再多的工作，也不会注重总结和反思工作过程中的经验教训，只是单纯地为了工作而工作，是不会有伟大的成就的。

在实际的生活中，人们都推崇努力学习、认真工作的精神与态度，但单纯的学习和工作是远远不够的，在学习和工作的过程中，应多去培养自我思考的能力。

举一个简单的例子。在一个班级中，同样的老师，同样的教材，同样的学习时间，为什么有些学生的学习成绩非常优秀，而有的学生没有取得优异的成绩呢？

也许有人会说，每个人的智商不同，有的学生每天做好几套卷子，做题经验丰富，自然成绩好，但事实真的如此吗？

一些看似聪明的孩子，学习上也格外用功勤奋，却依旧不能取得好成绩，原因又是什么呢？

会不会思考，善不善于思考，是影响一个班级中不同孩子学习成绩的重要因素。在学习过程中，善于思考、勤于思考的学生，能够有效地总结学习过程中的不足，对学习到的课本知识，也敢于反复审视验证，如此一来，他们将更能深入地掌握所学的知识，并在这样的一个基础上，做到举一反三、触类旁通，这也难怪在相同的条件下，这些学生的学习成绩能够遥遥领先。

著名文学家巴尔扎克曾说过这样一句话："一个能思考的人，才真的是一个力量无边的人。"同样，在物理学上取得了伟大成就的爱因斯坦，也极为推崇思考的重要性，他曾说道："学习知识要善于思考，思考，再思考。我就是靠这个方法成为科学家的。"

不难理解，历史上这些伟大人物对于思考的重视程度，和千年之前孔子的教育理念是一脉相通的，他们都极力倡导在学习过程中拥有思考能力的重要性。也正因为如此，人与人之间才会因个人思考能力的不同，而存在着学业和事业成就的显著差别。

你一定听过牛顿发现万有引力的故事，牛顿在苹果树下静坐，因为一颗苹果的落地，从而引发了他对"万有引力定律"的思索，进而在物理学的研究领域中取得了骄人的成就。事实上，苹果落地是司空见惯的事情，许多人都见识过，为什么是牛顿从中发现了万有引力而不是其他人呢？这其实就是勤于思考和不勤于思考的人们之间做事方式的鲜明对比。

善于思考，你会发现更多有趣的事物。

勤学乐思的少年

养成勤奋思考好习惯的诀窍

善于学习，努力学习，是青少年人生成长的必修课。作为一名学子，认真学习科学文化知识，才能成就自我，奉献社会。但还需进一步认识到的是，仅靠努力用功的学习态度还不够，作为青少年，还需要养成勤奋思考的良好习惯。

★ 杜绝囫囵吞枣式的学习方式

在平时的学习中，有些青少年只知道一味地死读苦学，试图将课堂上老师讲述的东西一股脑地全部接收，不分重点和层次，不加分析一概笼统地装入大脑之中。"尽信书则无书。"这样做的结果，只能是像寓言故事中那个"囫囵吞枣"的人一样，品尝不到知识的真正"滋味"，越学越糊涂，越学越迷茫。

正确的做法应当是每学到一个新的知识点，都要积极认真地去思考，多问一个为什么。这道题为何要这样做？为什么我经常会犯这样的错误？经过这种"疑虑式"的辨析学习之后，才能真正地掌握知识的要点和重点，进而有所发现和创新。

★ 做好笔记，不懂的地方多去查阅资料

做笔记，是一种良好的学习方法，其目的是"温故而知新"。在课后认真对照笔记上的知识点，看一看是否真正彻底掌握。假如有不理解的地方，不妨去查一查相关的资料，直到让自己弄明白了为止。

★ 勤学、勤问、勤总结

青少年获得学习进步的一个主要方式，就是勤奋地学习、请教。如果难点和疑点在自己思考之后，依然还没有一个清晰认知的话，此时不妨多向老师、同学以及身边的长辈们请教，请他们"解疑答惑"。当课堂上老师提出问题的时候，也应认真地思考，积极地回答，如此长久地坚持下去，所学的知识点自然会得到巩固。

随感笔记

　　"学而不思则罔，思而不学则殆。"青少年要重视思考，但不要盲目思考，不要为了思考而思考。

　　青少年只知道学习而不懂得思考的重要性，就不会辨真伪，更做不到学以致用。

　　花费过量的时间去思考，忽略了对新知识的学习和吸收，也是不可取的行为，这样只会让自己陷入一种偏执的状态中，那么正确的做法是什么呢？思考的正确方法如下。

- 将学习和思考有机结合在一起。
- 在学习过程中养成爱思考的好习惯。
- 理性地去思考，不偏执。

订计划，做事思路更清晰

《礼记·中庸》中有这样一句话说得非常好："凡事预则立，不预则废。"这句话的意思是，做任何事，都应当提前做好相应的准备，制订周密合理的推进计划，如此就能收到事半功倍的良好效果，让学习和人生事业更上一个台阶。

反之，做事没目标，缺乏清晰明确的计划，毫无头绪的行为，看似忙忙碌碌，勤勤恳恳，实质上反而会将事情搞得如一团乱麻一般，终将一事无成。认识这一点，对于人生画卷刚刚开始的青少年而言，尤为重要。

订计划，有规划，人生发展才有"指路明灯"

秦朝末年的项羽，在乱世之中抓住了机遇，强势崛起。经过几年的东征西讨，成为那一历史时期最为强悍的存在，他不仅自身武力高强，有万夫不当之勇，而且兵多将广，实力雄厚，按照这样的发展态势，项

羽一定能够笑到最后，成为开创一个王朝的封建帝王。

但项羽最后的结局大家都知道了，项羽兵败垓下。在项羽和刘邦短短四年的"楚汉争霸"中，原本出身平民、实力弱小的刘邦，步步为营，稳扎稳打，垓下之战中，逼得有着楚国贵族血统的项羽，在乌江前自刎，抓得一手好牌、"高开低走"的项羽，却落得如此下场，不免令人唏嘘。

了解了项羽在"楚汉争霸"中的种种表现之后会发现，他之所以落败，和他没有清晰明确的人生规划，有着莫大的关系。

最初实力上占据优势和上风的项羽，单纯地为了打而打，从未认真想过如何治理天下的问题，也缺乏长远的人生规划，对于一个自封的"西楚霸王"的称号，项羽已经感到非常满足了，至于如何开创一个属于他个人的伟大时代，项羽从未有过详细的目标规划。

反观刘邦则不同了。当年刘邦抢先一步攻占秦都咸阳，他没有像项羽那样肆意屠戮当地的百姓，而是及时张贴安民告示，为自己赢得了民心。因为刘邦很清楚，他绝非要当一个什么小小的"汉王"，臣服在项羽之下，过着仰人鼻息的生活。他的人生目标就是要争霸天下，成为舍我其谁的唯一存在。因而当他小有成就的时候，就开始注重积累自己的"好名声"，为日后的"逐鹿天下"铺垫深厚且扎实的基础。

刘邦和项羽人生命运的巨大反差告诉我们，合理的计划和规划，是人生发展道路上那盏耀眼的"指路明灯"，有了它的指引，我们将能够从黑暗驶向光明，从人生的低谷攀登到高峰。

同理，对于处于人生成长重要阶段的青少年来说，制订好的学习计划和发展目标也同样重要。计划对于促进青少年的学习生活，常会起到激励和督促的作用。

★ 合理的计划能帮你一步步实现自己的目标

如果你问身边的同学、朋友，他们最大的目标是什么，想必他们中的大多数会毫不犹豫地脱口而出：期末考个好成绩，升学考个好学校，未来找份好工作。

那么，该如何实现这些学习和工作目标呢？合理制订计划是非常有必要的。合理的计划能让你做事情更有针对性，能有的放矢地安排自己的时间和精力。

如果你也想要实现学习和工作上的远大目标，就应该认识到合理制订计划的必要性。

计划是蓝图，当你按照既定的计划一步步实现理想中的目标之后，那时你会发现，你已经取得了很大的进步。

★ 有了计划，做事有条理，思路也更清晰

计划的制订，不仅仅单纯地指代学习一个方面，在日常生活中，青少年也可以制订各种计划，以使自己的生活变得更有条理。

比如，我们给自己规定一定的娱乐时间来放松自我，调剂一下紧张的学习压力。如果有篮球方面的兴趣爱好，不妨制订一个时间表，一个星期之内，抽出一定的时间进行一次篮球运动；如果有舞蹈天赋，也可以制订相应的计划，如学习什么类型的舞蹈，舞蹈练习达到一个什么样的标准，等等。

但凡感兴趣的事情，诸如弹钢琴、下棋、拼魔方等，都不妨列出一个计划，要求自己每到一定的阶段，要达到一个既定的目标。等到青少年按照自己制订的计划实施了一个时间段之后就会发现，无论是在学习还是在生活上，做事有了条理，思维也变得清晰活跃起来，再也不是先前那种乱糟糟、迷茫困顿的样子了。

制订计划的小妙招

从大的方面看，计划是人生发展清晰可见的"路线图"；从小的方面看，计划是青少年学习成长的重要引导机制。青少年需要明白的是，没有目标的努力和没有计划的奋斗，都仅仅只是作秀而已，在浑浑噩噩之中，白白浪费了时间和精力。但问题是，如何才能制订出一个合理有序的计划呢？针对青少年，有这样几个小技巧可供参考。

★ 计划的制订，以学习为主，兼顾其他

青少年的重要目标是完成学习任务，掌握文化知识，但这并不排斥有一个更为多彩的人生，唯有德、智、体、美的全面发展，才是人们眼中最为优秀的青少年。

青少年应该懂得，在制订计划时，在确保学习是主要方面的同时，也应合理地安排娱乐、锻炼和休息的时间，做到劳逸结合，从而让生活变得多姿多彩。

★ 计划制订要适度，有长期计划和中短期计划的明确区分

计划其实就是青少年努力奋斗的方向和目标。有些青少年，过分贪求不切实际的目标，制订计划时一味地体现"高、大、上"的特点，这样做的心情可以理解，然而不能有好高骛远的虚幻念头。

需要特别提醒的是，在制订具体的计划时，一定要结合自身的实际情况，力求适度合理，将长远计划和中短期计划有机结合，一步一个脚印地去实现。

例如，如果你的成绩在班级里处于中下游，马上就要面临期末考试了，在短短的几天时间内，非要给自己制订一个取得全年级第一的成绩，是不是就显得非常不切实际了呢？正确的做法是先让自己取得班级中上游的成绩，再逐步向班级前几名的目标努力，争取在一到两年之内，取得年级排名上的优势。这种适度合理的计划制订，才更符合实际，才更有可操作性。

★ 谨记弹性原则

一些青少年一谈到要为完成某件事情制订计划就非常容易兴奋，他们将计划满满地写上好几页，连洗漱、上厕所的时间都写进去。试想这种事无巨细、缺乏弹性的计划制订，真的有效吗？

计划的制订，必须要全面体现弹性原则，同时兼顾灵活性，当实际情况发生变化时，也可以适度地修整一下自己的计划目标，不能抱残守缺，不知变通。

 ## 合理的计划二三例

明白了订计划的意义和诀窍，那么对于青少年来说，在实际生活中，又该如何做好学习和运动等计划的制订呢？来看看以下学习计划和运动计划是如何制订的吧。

★ 学习计划

制订学习计划，要做到以下几点。

一是要开展自我分析。弄清楚自我学习的特点，如理解力强、记性好等，同时要明白自我在班级中的学习现状，了解学习成绩处于一个什么样的水平，以做到有的放矢。

二是确定学习目标。在学习目标的制订上，要做到恰当、适度、明确，不能好高骛远，贪多求快，告诉自己一步一步来，一个台阶一个台阶地上，稳扎稳打，逐步达到学习成绩的提升。

三是要科学地安排学习和休息的时间。有些青少年制订的学习计划满满当当，几乎没有合理的休息时间，试想不能让大脑得到充分的休息，又怎么能保证良好的学习效率呢？

★ 运动计划

青少年是身体健康发育的重要阶段，运动锻炼必不可少。合理的运动计划能让青少年合理分配运动、学习与休息的时间，让青少年劳逸结合、精神倍加。那么，如何制订运动计划呢？具体如下。

一是要根据自身的年龄、爱好选择运动项目。别人的运动选择不一定适合自己。运动内容可以是身体素质锻炼，也可以是具体的运动项目。

二是结合自身的体质状况选择运动强度和运动量。有些青少年天生体质强壮一些，可以多进行一些运动强度大的运动；而一部分青少年，身体素质稍微差了一些，此时不妨先从轻量的运动做起，等到身体素质提升了，可以相应地加大运动量。

相约完成骑行计划的青少年

随感笔记

无论是学习还是生活，合理的计划制订，有助于促进青少年身心的健康成长。那么，在制订计划的过程中，青少年需要注意哪些小细节呢？

- 订计划，抓住重点是关键。数学不好，近期就着重数学学习计划的制订，切忌不分主次，什么都想要干，最终却什么都干不成。

- 计划一旦制订，必须长期地坚持下去，绝不能半途而废，持"三天打鱼，两天晒网"的态度，再完美的计划也无济于事。

- 学习、运动、社交等计划交错进行。不能为了学习，就放弃体育运动，其实学习、运动、社交等，相互之间并不排斥，合理地制订计划，更有助于青少年综合素养的提升。

第三章

良好社交行为，
人际交往更顺利

老师、同学、亲友，你每天都会遇到很多人，有自己的社交圈，有自己的好朋友，在与人交往和沟通交流中，良好的社交行为，将有助于你很好地融入群体之中。

　　学会善待他人，懂得换位思考，言谈举止优雅大方，明白人际交往的分寸和尺度，知道尊重他人和学会保护自己隐私的重要性等，都是良好社交行为的体现，良好的社交行为会促进你的人际交往活动的顺利开展。

结交朋友，先学会善待他人

一个人如果没有朋友，将是非常孤独和无趣的，对于朝气蓬勃的青少年来说也是如此。每个青少年，都希望身边有一群说得来、玩得来的朋友，在和朋友的交往过程中，也希望能够得到来自朋友的鼓励、支持和肯定，相互扶持，共同笑对生活。

当然，这一切的前提，需要每一位青少年拥有结交朋友的能力，获得朋友的认可。善待他人，是赢得朋友的一大"利器"。

善待他人是个人素养和美德的体现

善待他人，懂得帮助身边的人，这样的行为，不仅是个人优秀素养和优良品德的集中体现，更能向他人传递善意，让你结交到更多的知心的好朋友。

晓丽是班级的"学霸"，头脑聪明，学习成绩非常优秀，容貌也格外

漂亮，在集体中总是最令人瞩目的那一个。

虽然如此，晓丽身上的缺点也不少，其中，让同学们感受最明显的一点就是心高气傲，看不起身边不如她的人。有时同学们在学习中遇到难题，想要向晓丽请教，每每遇到这种情况，晓丽总是嘴角轻撇，傲慢地说："这道题不难，不过它不适合你，我给你讲了你也不会懂，你不如选择一些简单的题，何必浪费时间呢！"或许说得有些道理，但是这样的话语和语气总是会让人听了不舒服。

性格孤傲、冷言冷语的晓丽，虽然成绩好、相貌好、气质佳，但在班级里总是显得不合群。同学们也会刻意和她保持距离。班主任也看到了晓丽性情傲慢的一面，多次劝说她要搞好和同学们的关系，主动帮助落后的学生，但晓丽并不在乎这些，她觉得只要自己样样做到最好就行了，不必把时间浪费在交朋友上。

有一次，学校评选文明标兵，去市里面参加汇报演出。对于争强好胜的晓丽来说，这样的一份殊荣，自然令她非常心动。私下里，晓丽悄悄核对了一下评选文明标兵的条件，认为自己学习成绩突出、多才多艺、形象也不错，肯定是学校里年级"文明标兵"的不二人选。

然而在随后的民意测验中，晓丽却落选了，班级里只有很少几个同学给晓丽投了选票。当晓丽得知这一结果后，不由得失声痛哭。

在班主任语重心长的开导下，晓丽终于意识到了往日里自身言行举止方面的种种错误，因为不会团结同学，不懂得善待他人的道理，让她成了同学们眼中"敬而远之"的对象。

在实际生活中，类似晓丽的人有很多。他们不懂得善待他人的道理，不能够让自己拥有一颗宽容、理解他人的心，从而让自我的人生之路越走越窄，成为"孤家寡人"。

和身边的朋友友好相处

　　善待他人，是一个人为人处世的根本。当你能够做到对身边人宽容以对的时候，自然也会赢得他人的尊敬和好感，众多朋友也因此会围绕在你的身边。那么如何去善待他人呢？这样的几点小建议，可以作为青少年树立良好社交行为的一种参考。

★ 善待他人，学会理解他人

　　理解他人的本质，其实是对他人一种心理上的认同。在社会生活中，每个人都有自己特定的行为方式，他们也都希望得到别人的理解。

　　"金无足赤，人无完人。"要知道世界上本就没有完美无缺的人存在，谁的身上都有这样或那样的缺点与毛病。

　　很多时候，也许对方的行为和言谈中，有你不太认同的地方，比如说话啰唆，做事拖沓，爱吃零食等，这些为人处世方面的小缺点，不涉及人品和道德上的问题，你不妨多加理解，多去包容对方。

　　小晗是初一年级的一名学生，在班里，有一部分男同学不愿意和小晗在一起玩耍。

　　作为班长的磊磊刚开始非常不理解，在他看来，小晗虽然穿着朴素了一点，不过性格很好，爱帮助同学，积极参加学校组织的各种公益活动，同时学习上也非常刻苦，这样优秀的他，怎么有些同学不喜欢他呢？

　　经过了解，有些同学就对磊磊实话实说："小晗虽然品行不错，不过做人太小气，前几天一名男同学生日，大家都送上了精致的生日礼物，就小晗送了一本他读过的、无任何包装与装饰的世界名著，这样太不讲究了吧？"

也有同学向磊磊反映，有一次班级组织集体活动，午饭时发了几个桔子，看着同学们高兴地剥桔子吃，只有小晗偷偷将桔子藏了起来，一口都不吃，人人都有份，他不吃自己的，难道要让大家分给他吃吗？

虽然有几个同学对小晗都颇有微词，不过在磊磊看来，小晗这样做一定有自己的难言之隐，不久后，一次偶然的机会，让磊磊揭开了谜底。

原来小晗生病了，一连几天没上学。磊磊和小晗住的小区不远，于是磊磊就向班主任自告奋勇，趁着星期天，来到小晗家看望他。

由于刚上初一，磊磊和小晗也是进入初中之后才认识的，所以这也是他第一次来到小晗的家。在小晗居住的小区里，经过一番打听，磊磊敲响了小晗的家门。

是一位老爷爷开的门，进入屋内，磊磊看到小晗的家中非常简陋。通过了解得知，小晗的父母都在外地打工，他和爷爷、奶奶居住在一起，两位老人的身体不太好，常年有病，家里的经济比较紧张。

原来如此。当磊磊将小晗家里的情况说给同学们听后，大家联想他平日里的所作所为，对小晗有成见的同学，都改变了立场。家里困难的他，送不出好的礼物给同学，不吃桔子，是要留给爷爷、奶奶吃，这才是事情的真相。

有句古话说得非常好："不经他人苦，莫劝他人善。"话语中所蕴含的意思就是，每个人都有自身的难处，不能只根据只言片语就下结论，不能只站在自身的立场上去考虑问题，要学会换位思考，试着体会他人的处境，才能更好地理解他人。

★ 善待他人，要热心以对

"锦上添花莫如雪中送炭。"在人际交往中，青少年一定要牢记这一至理名言。

当你朋友遇到困难时，如果力所能及，不妨及时地伸出援助之手，热心地去帮助他们。

当同学处于人生低谷中时，也要去鼓励、开导、陪伴他们，给别人以温暖，哪怕只是一句安慰的话语。

你的善举，会让你感到快乐，也会给别人带来安慰，从而收获友谊，获得成长。

互帮互助，友爱分享

★ 善待他人，要学会宽容

相比较于理解，宽容的概念和内涵要更深入一些。当身边的人做了错事的时候，或者在言语举止上冒犯了你，此时不妨放下成见，多一点宽容，少一点针锋相对，如果他们有做得不太好的地方，不影响公序良俗和社会道德，不妨大度地一笑了之。

待人接物中，多说一声谢谢，多说一句问候，多露一丝微笑，这种温暖和诚意，想必在大多数时候能够感化对方，取得"化敌为友"的良好效果。

随感笔记

善待别人，其实就是善待你自己。那么具体该如何善待他人呢，以下建议送给你。

- 让自己拥有情感温度，和身边的人相处，始终怀有一颗温暖的心。
- 心胸宽广，不去计较那些细枝末叶、微不足道的小事情，只去看对方的长处和优点。
- 学会换位思考，站在对方的角度分析和看待问题，感同身受了，自然就能做到更好地和对方和平相处了。

己所不欲勿施于人，拒绝欺凌

"己所不欲勿施于人。"这是《论语》中的一句名言。先哲们在这里告诉世人，当你自己遇到不愿去做的事，不愿面对的结果，那么就不要强加给他人。

通俗地讲，假如连你自己都不希望被他人这样对待，那么你也不要用这样的方式去对待别人。在为人处世的社交活动中，青少年尤其要注重这句话所蕴含的深刻含义。

明白推己及人的道理

在心理学上，推己及人和换位思考的意思是等同的，对人对事，都应站在对方的角度看待问题，这两者都是一个人具有同理心的体现，说明每个人都是具有共情能力的。

森林里，一只小狐狸和一只可爱的小松鼠成了好朋友。

　　两只小动物在一起玩耍的时候，聪明又狡猾的小狐狸，常常指派小松鼠做一些事情。比如看到高高的树上有甘甜可口的果子，馋得流口水的小狐狸，就鼓动小松鼠说："树上的果实闻起来就香死了，我想会很好吃，你擅长爬树，快帮我摘一些下来品尝品尝吧！"

　　小松鼠听了，就毫不犹豫地爬上大树，给小狐狸摘了许多果子吃。

　　有一次，两只小动物在森林里溜达着，看到不远处躺着一只斑斓猛虎。吃饱的老虎正躺在树下的草地上呼呼大睡，嘴边的胡须随着呼气、吸气，不停地来回抖动着。

　　小狐狸看了一会儿，就对小松鼠说："喂，我说老弟，你看虎大王嘴上的胡须太好看了，你快去弄下几根，这样以后我们在森林里其他小动物面前可就威风了。"

　　小松鼠这次不愿意了，它扭头对小狐狸说："你为什么不去呢？"

　　小狐狸讪笑着说："我没有你会爬树，一旦被虎大王发现，就要被吃掉了，可是你就不一样了，你可以逃掉。"

　　小松鼠生气地说："你怕被虎大王吃掉，难道我就不怕了吗？大家都只有一条命，今天我才看清楚，你这个朋友真虚伪。"

　　这则有趣的寓言故事令人深思，小松鼠之所以反感小狐狸的话语，是因为小狐狸实在是太精明了，遇到危险的事情，自己不敢去做，却唆使别人去冒险，"己所不欲，勿施于人"，小狐狸的做法太不够朋友了，难怪小松鼠生气了呢！

　　现实生活也是如此，在这个世间生存的每一个人，因为生活环境和生活背景的不同，各自有各自的难处。很多时候，我们每个人都应该尝试着站在对方的角度思考问题，也即在"己所不欲"的基础上，进一步做到推己及人。

　　曾经，一则因为孩子在地铁上丢失五元钱惹得妈妈情绪崩溃的新闻，引起了广大网友们的广泛热议。

说是一位妈妈带着小姑娘乘坐地铁，期间小姑娘不小心弄丢了五元钱。妈妈得知消息后，哭着责备了女儿好久。

也许在一些人的眼中，五元钱真的算不了什么，认为那位妈妈有点"小题大做"，不至于这样纠结痛苦。但实际上，这对母女的家庭经济状况很困难，五元钱，在那位母亲眼里，很可能就是两人的一顿早餐钱，所以才把丢钱的事情看得如此重要。

在《了不起的盖茨比》一书中，有这样的一句话："每逢你想要批评任何人的时候，你要记住，这个世界上所有的人，并不是个个都有过你拥有的那些优越条件。"

因此说，如果不懂得推己及人的道理，做不到换位思考，对于对方的处境难以感同身受，那么就不要站在道德的制高点上，去盲目、随意地指责他人，强求对方。

对欺凌说"不"

对于青少年而言，自己不愿承受的，也莫让他人去承受。

明白了"己所不欲勿施于人"的道理之后，也就能够正确处理和同学、朋友之间的交往关系，对欺凌说不。

校园是青少年人生成长阶段的主要活动场所，有些青少年或出于恶作剧的目的，或因为嫉妒心理作祟，爱对学习成绩优秀的同学以及一些弱者实施欺凌行为。比如悄悄拿走他们的学习工具，故意撕烂他们辛辛苦苦完成的作业……

欺凌者这样做的目的，自然是为了让对方难堪，达到当众羞辱他们的目的，从中获得一种心理上的满足感。

因为这种遭遇，被欺凌的一方心灵和身体上都遭受了严重的伤害。但对实施欺凌的一方来说，他们常常不以为然，认为只是开一个玩笑而已，没有什么大不了的。

假如此时切换角色，让欺凌者变成被欺凌者，他们则会委屈万分，明明没有做错任何事，却无辜成了受害者，实在是太冤枉了。

由此可见，没有人愿意成为被欺凌者，一旦学会了换位思考，就能明白一个人所认为微不足道的恶作剧，对另一人而言所带来的伤害可能是巨大的。

因此，在任何时候，青少年与人相处，都不要强人所难，不要去欺凌他人，也不要成为被动的"受害者"。

★ 不欺凌他人

一些青少年性格强势，在学校或生活中，总是不自觉地去欺凌他人，养成"唯我独尊"的性格特征，长此以往，很容易成为他人眼中的"坏分子"，给大家留下不好的印象。

要杜绝欺凌行为，就要充分认识到不去欺凌他人的重要性，并针对自身的缺点加以改正。

一是欺凌行为本身就是错误的行为。欺凌他人，不仅要受到道德的谴责，严重时还会受到法律的惩处，让大好的青春因此"褪色"。

二是欺凌他人，不会获得真正的友谊。那些爱欺凌人的青少年，同学们都敬而远之，不愿意和他成为朋友，即便是你身边有"朋友"和你站在一条"战线上"也可能是惧怕你而并非真心愿意和你做朋友。

三是欺凌他人，很容易让自我养成狂妄自大的性格，不利于个人的健康成长。很多欺凌者，最后往往一事无成，到明白后悔时，已经于事无补了。

　　懂得了这些，青少年们不妨一一对照反思自我，不要成为欺凌他人的施暴者。

★ 面对欺凌应当如何应对

　　有些时候，在人际交往中，你可能成为"被欺凌者"，面对这种局面，青少年又该如何拒绝欺凌呢？

　　首先，要让自我变得勇敢起来，面对欺凌不畏惧、不害怕。

　　很多被欺凌者，在遭受第一次欺凌时，正是因为自身的软弱，让对方感觉好欺负，从而助长了欺凌者的嚣张气焰。因此从一开始，我们就要敢于和欺凌者作斗争。

　　其次，拥有一颗智慧的头脑。

　　敢于和欺凌说"不"，不代表我们在遭受欺凌时，一味地和对方硬碰硬。许多时候，我们要根据实际情况的不同，灵活采取策略，对方人多势众时，我们不妨暂避锋芒，事后积极向父母、老师寻求帮助，最大程度减少身体上的伤害。

　　再次，壮大自己，对欺凌说"不"。

　　联合被欺凌者，形成合力，共同向欺凌者发起挑战，让他们不敢随意去欺凌他人。

　　最后，不断地强大自我，让自我变得优秀起来。强大是保护自我的最有效"武器"，当自我强大了，欺凌者也就对你敬而远之了。

随感笔记

已所不欲，勿施于人，不仅是个人素养和德行的综合体现，代表着一个人教养的好坏；同时在更深的层面，它也是青少年处理人际关系的重要原则之一。

良好的人际关系能给你带来丰富的收获。

- 给他人释放善意，尊重他人的人格独立和精神自由，自己的内心也会变得平和、独立、自由。

- 良好的人际关系能让你收获友谊，与朋友共同进步。

- 拒绝欺凌，不欺凌他人，不被欺凌，你会更加自信、阳光。

着装得体，给人美好的第一印象

青少年在社交活动中，要注重自己的个人形象，原因在于，个人形象是一个人气质、家庭教养、受教育程度、成熟度和可信任度的综合体现。良好的个人外在形象，极易获得他人的高度认同和尊重。

在这其中，提升个人形象的一个关键点，就是优雅大方、得体自然的着装，它是个人形象的重要组成部分，落落大方的穿衣打扮，很容易让人眼前一亮，提升对你的好感度。

好印象，从着装开始

文学大师莎士比亚曾说过这样的一句话："衣着是一个人的门面。"无论在任何社交场合，不得体的穿衣打扮，会让人心生反感，第一印象就让对方给你打了一个"最低分"，如此也就很难获得他人的认可与尊重了。

反过来，重视衣着得体的人士，给人以成熟、稳重的感觉，即使第一

次见面，相互之间比较陌生，也会因为自身有品位的穿着，让对方无形之中就生出亲近的情感，这就是着装得体魅力的重要体现。

雅馨是一名中学生，有一次市里面举行演讲比赛，学习成绩优秀、口才流利的雅馨，有幸被学校挑选上，代表学校参加这次全市的演讲比赛。

对于这次演讲比赛，雅馨有着充分的准备，也志在必得。口才流利加上丰富的知识储备，雅馨自认为必定能取得一个好的比赛成绩。

谁知最终比赛成绩出来，雅馨屈居第三，没有能够取得预想中的好名次。雅馨回想自己在演讲比赛中的种种表现，依然理不清失败的原因。

当雅馨将苦恼向身边要好的同学倾诉时，对方上下仔细打量了一下她，问道："那天你去参加比赛，有没有认真穿衣打扮呢？"

同学的一番话提醒了她。雅馨回忆当时的情景，演讲比赛的前天晚上，雅馨一直忙着准备演讲内容，睡得很晚，第二天也比平时晚起了一会儿，看到时间紧张，雅馨匆匆洗漱之后，也没有多想，随意穿上衣服便出门了。

到了现场，雅馨看到其他选手都衣着得体，再看看自己身上满是破洞的牛仔裤，显得有些另类。不过平日里性格就大大咧咧，喜好追求个性自由解放、爱奇装异服的她，也没有过多地将这件事情放在心上。

只是她清晰地记得，当她面对众多听众侃侃而谈时，大家的注意力并不是太集中，现场的气氛没有完全被调动起来。现在仔细分析，她比赛的"失分项"，很有可能就出在了自己随意的衣着上。

这次演讲比赛失败的沉痛教训，让雅馨长了记性，之后她一改以前过分张扬的穿衣打扮风格，身边的同学、老师都纷纷夸奖她，说雅馨越来越知性优雅了。

第二年，当市里面再次举办类似的演讲比赛时，雅馨"不辱使命"，终于为自己、为学校都赢得了好的名次和荣誉。

案例中的雅馨，能力和才华都不可否认，只是个人经验不足，未能充分认识散漫随意穿衣风格的不当之处，因此才遭遇了一次人生"滑铁卢"。

由此可见，在正式的社交场合，作为青少年，一定要注重维护个人的外在形象，注重衣着穿戴的风格，避免为突出个性化而故意"奇装异服"的行为。

这样着装更得体

穿衣打扮的风格，是一个人外在形象的重要体现。实际上，想要穿出得体的衣着风格，并非是一件简单的事情，这里面大有学问，需要注意的事项也非常多。

★ 结合场合着装

在着装这个问题上，得体大方、自然优雅是第一要素，这是对青少年外在形象的总的要求。当然，得体的着装，并不排斥个性化的特征，在不同的社交场合，青少年可以根据具体的社交场景，选择适合自身个性的穿戴。

如在学校里，学校有穿校服的规定，就穿好校服，并保持衣服的整洁；假如没有强制要求，则既要让着装得体，又要体现出青春气息。

着装得体、充满青春气息的学生

如果是学校里面的运动会，以宽松为主，天热时可以穿戴比如 T 恤一类的衣服；条件允许，也可以集体定制班服，以整齐划一为佳。

走亲访友时，落落大方即可，不能奇装异服，尤其是在拜访长辈时，穿衣打扮一定要体现出对长辈的尊重。

简而言之，不同的场合，着装的要求也不同，但都以优雅大方为前提。

★ 着装与年龄身份相符

不同的年龄，有不同的着装风格。青少年适合穿活泼大方、颜色靓丽的衣物，如果颜色、款式过于老气、暗沉，将会掩盖你身上特有的青春气息。

★ 着装突出个人气质

一个人的气质，既有先天的因素，也和后天的学习培养密不可分。在这里面，着装最能体现出一个人的教养和仪态。

在社交场合，选择合适的衣服，不仅能够掩藏你身体上的缺陷，如身高不足、斜肩等问题，还能极大地增强你的自信心，有了强大自信心作为支撑，气质和风度也就能够得到全面的展现。

★ 季节不同，着装也应有相应的变化

在炎热的夏季，出席正式场合，比如演讲比赛、学校晚会一类的活动，即使怕热，也尽量去选择正装，这样显得庄重很多。

在寒冷的冬季，对于青少年而言，应多穿一些厚度适中、保暖效果好的卫衣、羽绒服，保暖的同时，又不影响你参加一些体育运动，让衣服不会成为束缚，方便你的身体进行活动。

随感笔记

一提到着装得体，很多人的第一反应是多选择一些名贵的衣物，越是大品牌越有效果。

实际上，得体着装的选择，并非越贵越好，以下几个方面值得借鉴参考。

- 服装干净整洁、宽松适度。
- 服装款式符合青少年年龄特点，不着奇装异服。
- 配饰不夸张、不多余。

亲密有间，保持舒适的社交距离

距离产生美。简单的话语之中，却道出一个深刻的道理。在人与人相处的社交活动中，每个人都渴望有亲密无间的朋友或伴侣，但需要注意的是，亲密无间只是一种理想化的状态，最佳的社交距离，彼此之间应当保持适度的距离感，这样的关系和友谊才能更为长久。

人们为什么需要亲密关系

人类自古群居，具有社会属性，任何一个人都不可能远离社会独自生存。

在群体中，关系亲密的人可以相互扶持，相互鼓励，行动上彼此帮助，情感上相互慰藉，这样才不会感到孤独寂寞。正因如此，每个人才会渴望拥有真诚的朋友，有刻骨铭心的恋人。那么什么样的关系才算作是亲

密的呢？

在心理学家眼中，所谓的亲密关系，主要由五大因素构成。这五大因素分别为了解程度、关心程度、信任度、忠诚度以及相互依赖的程度。

两个陌生的人，能够成为朋友，重要的前提是，双方建立在一个相互了解的基础之上，熟悉彼此的性情特征，有共同的爱好兴趣，因为了解而"气味相投"，自然会增进彼此的亲密度。

一个人对另外一个人的关心程度，也是影响两者之间亲密关系的重要因素。

当一个人生病时，学习上遇到困难时，前来关心的人，往往是平日里和他关系亲密的人，并由此更进一步提升彼此的亲密关系。

信任度方面，如果你愿意毫无保留地相信一个人，也愿意被一个人相信，显然这种信任和被信任，是建立双方之间亲密关系的双重保证。

忠诚度是考验你和你身边朋友的重要"试金石"，只有那些无论在任何时候，都愿意为你伸出援助之手、甘心"雪中送炭"的人，才是真正值得交往和建立亲密无间关系的好朋友。

相互依赖，也是判断朋友亲密度的一个重要方面。彼此之间，愿意聆听倾诉、愿意给予安慰、愿意彼此分享痛苦和快乐，才会被视作亲密的好朋友。

因此，需要判断和另一方是否属于亲密关系时，只要从这五个方面入手，就能有一个清晰的认知。

人际交往的刺猬法则

虽然人人都渴望拥有亲密无间的关系，但实际上，当你和身边的朋友、伴侣拥有亲密关系的同时，也应注重保持一定的距离感，适当的距离，是维持彼此亲密关系最佳的"润滑剂"。

在西方社会，流传着这样一则寓言故事。说是在寒冷的冬天里，两只刺猬因为冷得发抖的缘故，想要靠在一起取暖。

一开始，两只刺猬紧紧地依靠在一起，试图用彼此的体温来温暖对方。然而很快它们就发现，因为身体上长有尖刺的缘故，越是靠得近，越是让自己被对方的尖刺伤害，乃至鲜血直流、伤痕累累。

无奈之下，两只刺猬只好调整双方之间的距离，在最为合适的距离之中，不仅能够从对方身上获得温暖，同时也很好地保护了自我。

这则寓言故事，就是被称作"刺猬法则"——人际交往黄金定律。

仔细想一下，人与人之间的交往，的确就像是寓言故事中的那两只刺猬一般，只有让双方保持在最为合适的距离之内，才能够获得最好的友谊，并由此长久地和谐相处下去。

适当的社交距离最舒服

在现实生活中，常会看到这样的一种情形：两个陌生人相遇，在倾心交谈之后，都将对方视为最好的知己，由此成了亲密无间的好朋友。

073

然而随着时间的推移，双方慢慢发现，他们的关系由最初的对彼此的尊重、容忍，发展成一种要求或索取，久而久之，两人之间就会心生嫌隙，开始相互指责、抱怨，最终反目成仇，连一个普通朋友都做不成。

小林和小宁分别从不同的初中考入了同一所高中，两人结识之后，大有相见恨晚的感觉，很快便成了无话不谈的好朋友。

起初，两人亲密无间，上学的时候在约定的地点等候，放学的时候也一起坐车回家。即使在学校食堂吃饭，两人也是形影不离，关系亲密得像一对孪生兄弟一般，然而令人想不到的是，两人的友谊却因为一件小事情产生了深深的裂痕。

原来，学校里有一个篮球队，小林喜爱篮球，非常想加入其中，于是就找到篮球队队长，说明了自己的想法。

谁知篮球队长听了小林的想法后，反应很冷淡，一口回绝了他的请求。小林很着急，忙询问原因，最后没办法，这名篮球队长冷冷地回了小林一句："单亲家庭的孩子不合群，性格孤僻，我们不欢迎这样的人加入。"

小林听了，一开始没反应过来，后来才联想到这位篮球队长口中"单亲家庭的孩子"，指的正是自己。

在上高中之前，因为感情不和，小林的父母离婚了，这对小林打击很大，也是他心中难以言说的伤痛。但是有关父母离婚的消息，除了小宁，他从来没有跟其他任何同学说过。显然，是小宁多嘴，"出卖"了自己。

小林非常生气，忙找到小宁求证。小宁却不以为然地说："篮球队长和我是初中同学，你的情况我确实给他讲过一些，不过我感觉没什么大不了的呀！"

小宁的话语让小林很受伤，他自以为信得过、能够为自己保守秘密的好朋友，却不懂得尊重自己的隐私，从此之后，小林便疏远了小宁。

从案例中不难看出，小宁爱传播小道消息，不能设身处地地考虑小林的感受，这也最终导致小林和他之间的友谊破裂。

　　"乍见之欢，不如久处不厌。"在人际交往活动中，适当的距离是一种美，也是对彼此友谊的一种保护，无论是朋友或伴侣，让彼此之间保持一种界限感，才能让彼此的友谊和爱情更为长远。

尊重他人隐私，言谈举止有分寸

在人际交往中，尊重他人的隐私，是一个非常重要的方面。

隐私，是一个人不愿意让他人知道，或者说他人不方便知道的情况与信息。

每个人的内心深处，都有不想被他人碰触的个人私事，这些私密的事情，一旦被他人窥探到，哪怕是关系亲密的朋友，对当事人来说，也是一件令他倍感不舒服的事情。

多反思，是否侵犯了他人的隐私

在日常生活中，不知你是否遇到了这样的一些人，明明双方之间的关系并不亲密，但对方非要问东问西，肆意打听自己的私事，让自己内心感到非常不痛快。

小鹏考入一所远离家乡的重点高中，第一次离家这么远求学，难免会感到孤单。不过好在入学第一天，一名叫作小童的同学，对小鹏给予了莫大的帮助，小鹏感到自己很幸运，这么快就收获了珍贵的友谊。

小童为人热情，从初中时就住校，养成了自立的习惯，小童对还不适应住校生活的小鹏热心地伸出了援助之手，这让小鹏很感激小童。

可是很快，小鹏就开始刻意回避小童，这是怎么一回事呢？

原因其实很简单，小童太爱打听别人的隐私了。虽然两人才刚刚相识不久，"自来熟"的小童，动不动就打探小鹏的个人生活情况。

"你父母是做什么工作的？他们来学校送你的时候，开车还是坐车？"

"你家里的经济条件怎么样？每个月父母计划给你多少零花钱？"

凡此种种，让小鹏非常厌烦，再次遇见小童，他就赶忙躲着走，不愿和对方有深入的交流。

显然，这些事情都是小鹏个人的隐私，如果他愿意和对方分享的话，自然会原原本本告诉对方。但家庭的细节情况小鹏并不想多谈，小鹏看到小童问得这么详细，内心便生出了厌恶情感，在以后的交往中，他也开始刻意疏远小童。

无独有偶，小玉是一名刚进入大学的大学生，她在参加学校书法社团的活动时，也遇到了一个让自己非常不舒服的聊天者。

对方也是应邀来参加书法推广活动的，两人是第一次见面，彼此并不熟识。谁知，对方像是一个"包打听"一般，不断地打探小玉的个人隐私："你这么漂亮，一定有男朋友了吧？"

"你男朋友长得怎么样，个子有多高？怎么不带过来一起玩呢？"

"对了，谈朋友，一定要选择经济条件不错的，我相信你的眼光，你的男朋友一定很舍得为你花钱吧？"

类似的问题，让小玉烦不胜烦，只好借口一会儿还有课要上，就匆忙离开了。

隐私，是当事人内心最为敏感的地方，轻易打探不得。这也告诉人们，在人际交往过程中，朋友之间应当保持一定的边界感，不能因为个人的好奇心而随意"越界"，看似亲切的问候，在对方眼中，反而是一个避之不及的隐私话题。

那些不能随便打探的隐私

　　尊重他人的隐私，实质上是尊重对方的人格，也是对自己的一种尊重。在每一个人的内心深处，都有不希望被打扰的私密事，每个人的隐私权都应该得到应有的尊重。

　　所以，请记住，不仅仅是刚刚认识的朋友，即使双方的关系已经很亲密了，也不要随意去打探对方不愿主动触及的话题。只有给对方留下足够的空间，才能让彼此的友谊更为长久。

　　在人际交往中，无论你多么好奇，以下个人隐私最好不要随便打听。

★ 对方家庭的详细情况

　　不要轻易去打探对方家庭父母的职业、工作状况、经济收入状况，家庭成员的关系亲疏等。或许对方的家庭并不幸福完美，本身不愿面对这种问题，如果非要去打探，会惹对方一肚子不高兴。

★ 对方过往的感情史

　　一个人的感情过往，自然也属于隐私范畴。尤其对于女孩子来说，谈了几个男朋友，有没有心仪的白马王子等，都属于个人隐私。这样的私人问题，如果被不熟悉的人所掌握，说不定会被对方拿来"做文章"，四处散布流言，对当事人造成深深的伤害，因此没有人愿意让外人轻易得知自己情感史的状况。

无论是同龄人还是自己的长辈，都不要贸然去询问对方的感情史。

★ 对方的物品，不经允许不能私自翻动

个人的物品，诸如日记、记事本、网络媒体、私密文件等，无论对方是否明确表示允许翻动，都要自觉地远离。原因很简单，翻动他人的私人物品，很有可能会发现当事人不愿被外人看到的"小秘密"，从而对他们的隐私造成严重侵犯。

随感笔记

做到不去侵犯他人的隐私，需要做到以下几点。

- 克制好奇心，拥有强烈的好奇心并不是一件好事，它会"纵容"你窥探他人的隐私。
- 非礼勿视，非礼勿听，非礼勿动。
- 言谈举止有分寸，不要讨论对方在意的敏感话题，尤其是开玩笑要有度。

保护自己的隐私，谨言慎行不能忘

　　人与人之间的交往，应保持一定的距离感和边界感。所谓的距离感和边界感，不仅仅是能够很好地做到尊重他人的隐私，同时也要时刻拥有一颗警惕的心，确保个人的隐私不外传、不泄露。

　　学会保护自己的隐私是非常重要的，因为很多时候，你所打交道的人形形色色，对方是什么品行和修养，这些信息你知之甚少，一旦隐私外泄，被别有用心的人利用，将会对你的生活和工作带来诸多不必要的麻烦。因此任何时候都要牢记"谨言慎行""祸从口出"的法则。

说者无意，听者有心

　　网络上有一句非常流行的俏皮话："你有什么不开心的地方，说出来让我开心一下。"这里面的"不开心"，既包括自我的诸多痛苦和烦恼，也包含了许多不愿被外人知晓的私密事，简言之，都可以归结到个人隐私的

范畴之内。

然而在很多时候，这些个人隐私，因为自己的疏忽，被其他人听到，对方不仅不会去关心、开导我们，反而会将我们的这种"痛苦"当作他们人生乐趣的"调味剂"；甚至有用心险恶者，像一个"小喇叭"一样，肆意地四处散播我们的隐私，就想看到我们当众被羞辱、出糗的一幕。

还有一种情况是，你的隐私并非是对方刻意泄露出去的，但这种"无心之失"，也常会对自身引发不必要的麻烦，必须引以为戒。

明白了这样的一个道理，凡是自我内心深处轻易不愿谈论或公开的隐私问题，无论面对陌生人还是熟悉的朋友，最好应三缄其口，让这一不为人知的秘密，彻底埋藏在心底深处。

庆昊是一名大一学生，从考入大学之后，庆昊就积极努力地学习，在取得优秀成绩的同时，也非常注重提升自我的综合素养。在他看来，加入学生会非常锻炼人，可以让个人得到更好、更快的成长。因此从入学第一天起，庆昊就从多个方面要求自我，由此赢得了年级辅导员的欣赏。

大一下半学期，恰巧学校的学生会增选干部，辅导员非常看好庆昊，就将他推荐给学生会，如果不出意外的话，庆昊极有可能入选其中。

学生会这里，收到了好几个推荐名单，每个同学的条件都非常不错，一时间难以评定孰优孰劣，最后学生会研究决定：由学生会主席带领几名副主席，分别深入到同学们中间，谈话了解，以加深对参选学生的印象。

在庆昊的班级这里，其他的同学对庆昊的情况都不是太了解，因此也只是泛泛而谈，只说庆昊的优点和长处，最后谈话的对象到了小辉这边。

小辉平时和庆昊关系不错，对他也非常了解。在谈到庆昊的缺点时，小辉无意中说起庆昊在高中时爱玩游戏，有时通宵上网吧，为此还受过学校的警告处分。

学生会的干部在听到这一"小秘密"时，不由对庆昊的印象大打折扣。受过处分的庆昊，是否彻底改过自新了呢？让他入选学生会，能够起到好的带头引导作用吗？

最后经过一番认真的分析评选，如今的庆昊虽然非常优秀，不过还是遗憾地落选了。

庆昊在高中受过学校警告处分的事情，原本属于个人的隐私问题，小辉又是如何知道了呢？

原来有一次庆昊的高中同学，来庆昊所在的大学找他联络感情。庆昊自认为和小辉关系不错，就也带上了他。在聚会期间，庆昊和老同学谈起高中的往事，万般感慨的他，说起了自己当年打游戏受到警告处分的事情，表示自己从此之后引以为戒，成功戒掉了网瘾。

说者无意，听者有心。当时在场的小辉，自然是听得一清二楚。谁知在关键时刻，小辉对庆昊隐私的断章取义，使得庆昊失去了一次好的发展进步机会。

由此可见，既然是个人的隐私，就要时时提醒自己，不要轻易与人谈论，以免"授人以柄"，引起不必要的误会，或导致出现不利于自己的局面发生。

如何保护自己的隐私

生活中，每个人都有自己的私密空间，也有不愿被外人知晓的个人隐私，但如何才能确保这些隐私不被他人所掌握呢？

★ 谨言慎行是关键

常言说："祸从口出，言多必失。"在人际交往中，说得太多，对任何人都不加设防，做不到谨言慎行，自然就很容易泄露心底的秘密。

清代名臣张廷玉，一生侍奉过三位皇帝，分别是康熙、雍正和乾隆，称得上是"三朝元老"，而且受到三位皇帝的宠信，张廷玉历经无数风雨，始终屹立不倒，其秘诀在哪里呢？

原来在为官之初，张廷玉就为自己订立了一个人生守则："万言万当，不如一默。"这句话的意思是说，说过多的话，哪怕每一句话都对，也不如保持恰当的沉默，不该说的坚决不说，不该看的坚决不看，有什么秘密都藏在心底，这才是最佳的"明哲保身"之道。

★ 不失态，也不得意忘形

生活中很多人，在寻常时表现得极为正常，做事谨慎，注重分寸。然而换了场合和环境，比如朋友聚会，聊到情深处，开始"畅所欲言"，要么张狂跋扈，目中无人，要么痛哭流涕，丑态百出，不管在场的是不是熟悉的朋友，什么话都说，什么牢骚都发，无意中就将个人的隐私泄露了出去，这种行为也最要不得。

第四章

亲社会行为，
让你的人生路越走越宽

与人为善，也即与己为善；与人方便，更是与己方便。

　　你先要学会"利他"，尔后自然就能收获"利我"的正能量回馈，这也是有付出就有回报道理的体现。

　　心中时刻想着他人，懂得分享，在力所能及的情况下去帮助别人，拥有宽广的心胸和气度，向阳而生，终将迎来更宽广、自由的人生。

心中有他人，眼中就有世界

鲁迅先生在《且介亭杂文末集·这也是生活》一文中，曾这样写道："无穷的远方，无数的人们，都和我有关。"

英国诗人约翰·多恩在他的诗歌《谁都不是一座岛屿》中写道："谁都不是一座鸟屿，自成一体。"

这两位中外大文豪在这里都不约而同地提出了"我和外部世界"的关系问题。每个人都是群体的一部分，也是社会大家庭中的一份子，每个人都会受到外部环境、他人的影响，也会影响他人。需要谨记的是，心中有了他人，才能看到不一样的人际影响，才能观察到不一样的美丽世界。

每个人都与我有关

当谈到"心中有他人"这样的话题时，也许会有人提出不同的意见：

为什么要心中有他人呢？

下面一则寓言小故事，或许能给你很多启发。

秋天来了，在一条小河的对岸，一棵高大的树上结满了红红的果子，果子的香味让森林里的小松鼠垂涎欲滴，可是因为隔着小河，小松鼠没有办法游过去。

正巧当它抓耳挠腮时，它看到了在河岸边休息的小鳄鱼。小松鼠灵机一动，就对小鳄鱼说："小鳄鱼，你能帮我游过对岸吗？到时我采摘到鲜美的果子，也分给你一些。"

小鳄鱼心动了，于是就让小松鼠爬到自己的背上，背着它游到了河对岸。小松鼠从小鳄鱼的背上快速地跳了下来，几下就攀爬到了大树上，一口一个，开始津津有味地吃了起来。

小鳄鱼看着小松鼠品尝着美味的果子，赶忙说："给我留一点。"

小松鼠却忘了刚才对小鳄鱼的承诺，自私地说："剩下的果子不多了，我还要留起来等到冬天吃呢！"

小鳄鱼生气了，扭头游走了。等到小松鼠吃得饱饱的，还带着一大堆采摘的果子准备返回河对岸的家中时，却再也找不到小鳄鱼的身影了。

这则寓言故事中，自私自利的小松鼠眼睛里只有自己，没有他人，最后反而有家不能回，这就是心中没有他人导致的后果。

每个人都与我有关，不能只为自己，忽略了其他人。

曾有人将人心形容为一个空瓶子，瓶子里面装着什么，就能得到什么。

当你心中有了他人，凡事为他人着想时，他人遇到一些事情之后也会想到你，彼此相互协助，才能相互成就，人生之路也会因为有亲朋好友的帮助而走得更顺、走得更长远。

热心给同学讲题的少年

我为人人，人人为我

在这个世界上，没有人是真正孤立的存在。

从小的方面说，想要让自己获得便利，先要懂得给他人以便利。

从大的方面看，一个集体、一个国家的兴旺发达都和团体内部的每一个成员的团结合作、相互配合密不可分，只有每个人都做到为他人着想，才能从他人处收获到关心和爱。

在美国的俄亥俄州，每年都要举办一次非常有特色的南瓜比赛，看谁家种植的南瓜最大，品种最为优良。在连续组织的多次比赛中，一名叫作汤姆的农场主都获得了好名次，让人羡慕不已。

更令人惊奇的是，每次比赛后，汤姆总是将获奖的南瓜种子拿出来，无偿地分给身边的邻居种植。

邻居奇怪地询问他："你把这么好的南瓜种子分给我们，难道就不怕我们种出的南瓜也获了奖，抢了你的风头吗？"

汤姆听了，笑着说："我这样做，其实也是为了我自己，当大家都一起种植优良的南瓜种子时，我家农场里的南瓜，因为相互授粉的缘故，品种才不会退化。"

汤姆的行为，其实正是"我为人人，人人为我"理念的体现。试想，如果他只想着独占优良的南瓜种子，也许前几年能够在比赛中获得好名次，然而一旦等到他的南瓜种子的优良基因退化后，就失去了取得好名次的资格。由此可见，从"我为人人"做起，无形中也取得了"人人为我"的良好效果，这样一个简单的道理，相信聪明的你一定能够明白。

随感笔记

要打开这个世界更为广阔的大门，收获美好的人生，就要做到博爱、心中有他人。在实际的社会交往活动中具体可以这样做。

- 关爱他人，给他人以温暖。
- 努力奉献，为社会发展贡献自己的一份光和热。
- 树立"天下兴亡，匹夫有责"的崇高使命感。

分享，也是一种收获

著名武侠小说大师古龙先生曾说过这样一句富有哲理的话语："快乐是件奇怪的东西，绝不因为你分给了别人而减少。有时你分给别人的越多，自己得到的也越多。"

古龙的话语，道出了分享的本质内涵，从表面上看，和别人分享我所拥有的东西，看似是一种付出，实际上反而是一种收获，这也是"有舍才有得"道理的体现。

分享，成就更大的自我

我们每个人在很小的时候就经常听到妈妈、老师的教导："要学会分享，这样你的身边才会有更多的小朋友。"是呀，当每个人都学会分享、彼此互通有无的时候，在分享的过程中收获了友情，快速融入集体，快乐也会翻倍！

分享，并不会让我们损失什么，反而还有了更大的成就与发展。

曼莉是一个懂得分享的女孩子，因为分享，她不仅赢得了同学们的好感和尊重，同时也成就了更大的自我。

小时候的曼莉就被爸爸、妈妈教导，要懂得与同学们、身边的朋友们分享；懂得当别人遇到困难的时候，要及时地伸出援助之手，尽自己最大的努力去帮助他人。对于父母的这些话，懂事的曼莉牢记于心，时时以此来要求自我。

无论是初中还是高中，在班级中学习成绩优秀的她，每当遇到有同学向自己请教难题时，她总是不厌其烦地给对方讲解其中的知识点，直到对方彻底弄明白了之后，曼莉才放心地继续自己的学习。

有同学对曼莉的这种行为表示不理解，私下里"好心"地劝说她："你帮助别人没错，但是这样太耽误自己的学习时间了，有些问题简单地给对方讲一讲就行了，何必太过认真呢？"

曼莉却笑着说："我自己明白了一个知识点，拿出来和同学们分享并没有错，大家共同进步，不是一件很快乐的事情吗？为什么要那么自私呢？"一席话，让这名劝说的同学羞愧满面。

除了学习，在生活中，曼莉也是一个乐于助人、愿意和他人分享的人。曼莉舞蹈跳得非常不错，看到女同学们羡慕的目光，在课余之时，曼莉热心地和大家分享舞蹈的技巧和要点，一点也不保留。她的所作所为赢得了同学们的一致赞扬。

高三时，学校里分到了几个名牌大学保送的名额，在民主测评时，曼莉赢得了满票，老师、同学都纷纷举荐曼莉，认为她应该得到这个宝贵的推荐名额。

案例中的曼莉，因为愿意分享、乐于分享，最后成就了更好的自我。这，就是分享的积极意义所在。

分享阅读

分享，是人生与社会进步的基石

分享可以成就自我，实现自我的人生价值；学会分享，集合众人之力，亦能极大地推动人类社会的发展。

伯纳斯·李是现代互联网技术的首创者之一。早在 20 世纪 90 年代初期，他通过自己所学的知识，构建了早期信息联通的互联网世界，并为此申请了专利。

当这一方兴未艾的新世界大门被伯纳斯·李轻轻推开时，他很快意识到这是一场人类社会前所未有的信息革命。当时摆在他面前的有两个选择：一是利用已经申请的专利构建技术壁垒，从中获取丰厚的利益回

报；二是将他的这种发现无偿提供给世人使用，以促进人类社会的深刻变革。

显然，在这两种选择中，第一种选择无疑会给他带来滚滚财源，让他成为亿万富翁也并非难事。不过伯纳斯·李没有丝毫的犹豫，随即将专利技术无偿公开，让更多的人从中受益。

伯纳斯·李的分享精神，使得人类社会快速踏入了信息革命时代，极大地改变了人类生活的方方面面。而且也正是他的这种分享，让更多的人投身到互联网技术的创新研究之中，在数以万计的互联网业界精英的共同努力下，经过数十年的发展变革，如今已经让生活在地球上的大多数人，享受到了互联网时代超级便利的舒适生活，我们可以从互联网上获取新闻资讯、购物、交友……实现了万物互联的美好梦想，这在以前是想也不敢想的事情。

得益于分享，互联网信息技术从小到大、从无到有，还在继续发展，这正是伯纳斯·李的分享，以及和他一样，众多拥有聪明才智的人的技术分享的结果。

相互分享的人在一起，彼此会拥有更多。文学家萧伯纳对此也这样说过："如果你有一种思想，我有一种思想，彼此交换，我们每个人就有了两种思想，甚至多于两种思想。"萧伯纳的话语，其实正是对"分享等同于收获"这一哲理的精妙注解。

随感笔记

分享是舍，收获是得，有舍才有得，两者之间是一种互为辩证的逻辑关系。学会分享，懂得分享，会产生把 1 变成 2 的神奇效果。那么如何让自己懂得分享、学会分享呢？

- 在生活中不要斤斤计较，要敢于舍弃，才有更大的收获。

- 心胸宽广，不为自己树敌。一些青少年心胸狭隘，只顾自己，不顾他人，甚而处处设置障碍，阻碍别人的发展进步，自然最终也会让自己"无路可走"。

- 眼光长远，不能只盯着眼前的一点利益。舍不得分享、自私自利、只顾眼前的蝇头小利，注定难以有大的成就和发展。

帮助他人等于充实自己

大多数人都被问过这样一个问题：怎样的人生才更有意义呢？对于这样的一个问题，不同的人有不同的回答：拥有不可估量的财富、令人崇拜的地位、让人羡慕的爱情……

但无论要过上怎样有意义的人生，实现自我价值以及被社会认可都至关重要。

发展自我，并能够在发展自我的基础上力所能及地帮助他人，才能成就自我，才能拥有更快乐、更充实、更有价值和更有意义的人生。

帮助他人，收获快乐

"帮助他人，快乐自己"。简单的一句话，道出了人生真谛。

青少年作为社会群体中的一员，能够尽自己的绵薄之力向他人伸出援

助之手，从中得到的快乐和满足，是任何其他东西都无法比拟的。

有这样一个关于助人为乐的故事广为流传。

在一个富裕的王国里，老国王有一个无比疼爱的王子。小王子相貌英俊，头脑聪明，老国王看在眼里，乐在心头，把王国里一切最好的东西都拿给这名小王子享用。小王子的衣服是用最华丽的丝绸做成的，食物是天下最好的珍馐美味，身边还有很多陪伴他玩乐的人。

老国王这样做，是希望小王子能够拥有快乐幸福的人生。可是慢慢地随着小王子长大，他发现小王子脸上的笑容越来越少，终日郁郁寡欢，闷闷不乐。

看到小王子忧愁的模样，老国王心疼极了。老国王着急地想要知道怎样才能让王子变得快乐起来。

老国王向大臣们询问解决的办法。大臣们也纷纷开动脑筋，有人说，让王子去打猎，打猎放松身心，最能使人快乐；有人说，寻找天下最为精美的珠宝送给王子，稀世之珍能让人忘掉忧愁。老国王按照大臣们的建议，一一去做，可是小王子每日里依旧是唉声叹气，愁眉不展，打猎、珠宝等都不能使他露出快乐的笑容。

老国王更着急了，下令在皇宫门口张贴告示：谁能够让王子变得快乐，必有重赏。

几天后，一名老者过来，胸有成竹地表示自己有办法能让王子快乐。老国王将信将疑，不过也没有更好的选择，只能让老者试一试。

老者见到了王子后，写了一张纸条递给他，并告诉他，纸条上的内容只能王子自己知道，按照纸条上的建议做下去，王子一定会快乐起来的。

王子疑惑地接过纸条，只见上面写着这样一句话："每天坚持做一件善事，去帮助一个人。"

看到这里，王子紧皱的眉头舒展开了，他高兴地答应老者按照纸条上的内容去做。从此之后，王子每天都走出皇宫，寻找需要帮助的人给他们以帮助。渐渐地，王子脸上的笑容越来越多，很快又恢复了他往日阳光快乐的一面。

这个故事中的王子，虽富有四海，吃穿用度不用发愁，但是因为精神上的空虚而落落寡欢，愁容满面。在帮助了其他人之后，王子收获到了快乐和满足，领悟到了人生积极意义的所在。

实质上，帮助他人，是自我价值的进一步延伸，在奉献社会的同时，升华自我。

帮助他人，惠及己身

帮助他人，不仅能使自我获得快乐与满足，让你的精神世界饱满充实，同时在尽可能地给他人以帮助的时候，也在无形中给自己种下了善的种子。

曾有一部微电影讲述了一个善举得到感恩回报的故事。

琳琳经营着一家超市，平日里，为人善良的她，看到遇到困难的人，总是尽自己最大的努力去帮助对方，当地凡是有慈善、义工等活动，只要有时间，琳琳总是积极地参与其中。

有一天深夜，琳琳在店里收拾东西准备打烊，她看到屋门外有一位青年男子，几次想要进入店铺里，但又好像一副犹豫不决的样子。

琳琳猜想门外的年轻人应该是遇到了什么困难，需要求助。于是就走

出来，询问他需要什么帮助。

年轻人满脸通红，好一会儿才鼓足了勇气告诉琳琳，他是外地人，来这座城市寻找朋友，谁知朋友恰巧有事提前离开了，自己的手机也被偷了，但又担心别人说自己是骗子，所以才如此窘迫。

琳琳并没有怀疑年轻人的话，她请年轻人来店里休息，并给了年轻人一些水和食物，让年轻人安心在店里过夜，第二天一早又给年轻人打包了很多食物并给了年轻人一些钱作为回家的路费。小伙子对琳琳万分感谢，琳琳却说举手之劳，不必放在心上。

几年过去了，琳琳早已将这件小事情忘在了脑后，她的儿子，在这几年中也长成为一名阳光善良的青少年。

然而天有不测风云，在她儿子十三岁时得了重病，琳琳和丈夫四处求医问药，不见有任何的好转。后来她听说在上海一家医院有专门治疗儿子疾病的科室，医生医术精湛，名气很大。

琳琳急忙和儿子赶到了那家医院。令人惊奇的是，接诊的主治大夫竟然就是当年她帮助过的那位年轻人，对方先是一眼认出了她，激动无比，说曾经回到琳琳所在的城市寻找她，但那时琳琳的店铺不知搬到了什么地方，令人遗憾，不过这份恩情，他一直铭记在心。

如今，当初的年轻人已经成为经验丰富的科室主干，他积极地为琳琳的儿子制订治疗方案，琳琳儿子的病慢慢地也得以痊愈。

这部充满温情的微电影充分诠释了"赠人玫瑰，手有余香"的道理。

当然，帮助他人并不是为了求得回报，但你曾经帮助过的人也许会帮助其他人。这样的帮助在传递，爱也在传递，当你需要帮助的时候，别人也会热心地为你提供帮助。

人人助人，形成社会好风气

"雷锋精神"在新时代依然焕发无穷的光彩，雷锋身上无私奉献和助人为乐的精神，在任何时候都不会过时。

作为青少年，应以雷锋为榜样，力所能及地去帮助身边的同学和朋友。如在学校里面，主动去帮助学习成绩落后的同学，形成互助友爱的良好氛围；在生活中，可以拾金不昧，也可以给贫困地区的孩子捐书捐物，用爱心去鼓励他们，温暖他们。

古语说得非常好："君子莫大乎与人为善。"人人助人，涓滴成溪。假如每个人都能够奉献出一点绵薄之力，相信一定能够在全社会汇聚成守望相助的爱心江河。

 随感笔记

帮助他人，快乐自我，充实自我，成就自我。

在日常生活中，在帮助他人时要注意以下几点。

- 力所能及地去帮助他人。
- 帮助他人不带有功利性，不为了求回报而帮助他人。
- 帮助他人时，应谦逊礼貌，不要以施舍的姿态示人，要尊重他人。
- 在帮助他人前了解他人的需求，不帮倒忙。

包容和谦让使人心胸宽广

包容是指一个人拥有豁达的容人雅量，允许他人犯错，也能够设身处地地理解他人的处境。

谦让是一种宝贵的美德，懂得礼让和退让，以宽和为本，这两者都是一个人具有深厚涵养的外在体现。

包容和谦让是一个人优秀的品行表现。

包容，代表着一个人的智慧和力量

一个心胸宽广的人，才能具有包容的心态，因为他们深知，一时的血气之勇，无助于问题的解决。

★ 懂得包容，"不用他人的错误来惩罚自己"

很多时候，面对对方犯下的言行错误，与其生气、愤怒、耿耿于怀，不如学着包容，不去计较，将更多的时间和精力放在自己当前应该做好的事情上面。

例如，班级里有个淘气的男生总是会搞恶作剧，如果你每次都暴跳如雷，与他争吵，他往往会乐在其中，继续搞恶作剧。这时，不妨宽容些，不去招惹他，对他的恶作剧也不必做出强烈的反应，这样几次后，他自然会感到无趣而不再捉弄你。

以包容之心待人，是一种大智慧的体现，善于包容他人的人，在人际交往中往往更能获得他人的尊重。

★ 包容不是纵容

包容是一种不战而屈人之兵的强大力量，包容也是一种"润物细无声"的大智慧。

我国著名教育家陶行知先生曾担任过一段学校校长的职务。在他担任校长期间，遇到了这样一个令人气恼的事情。学校里一名性情调皮的学生在课余时间和同班同学发生了激烈的争执，气怒之下，竟然用砖头将教室的玻璃给砸坏了。

学校里面发生这样的事情，自然令人感到非常气恼。然而得知此事后，陶行知先生并没有动怒，而是心平气和地将砸窗的学生叫到了自己的办公室里。

当这名做出过激行为的学生被告知去校长办公室时，他的内心上演了无数个场景，他心想，这次一定会遭受"雷霆般"的斥责，也为此做好了应对的心理准备。

陶行知和这位砸窗的学生见面之后，从容地从口袋里掏出一块糖果，递给对方并说道："这块糖是奖励你的，这次和你谈话，你竟然比我还早到了几分钟，值得表扬。"

学生闻言一愣，设想过多少种被批评的场景，哪知却遇到了一个意想不到的奖励。不等学生有过多的思考，陶行知从口袋里又掏出一块糖果，告诉对方说："再奖励你一块糖，知道为什么吗？当时你和同学发生争执，老师让你们两个停止争斗，你首先停了下来。"

这名学生惊讶地睁大了眼睛，想不到自己还能因此而受到表扬。陶行知第三次掏出糖果，一边递给对方，一边表扬道："我了解这次争斗的起因，你是为了替受欺负的女生出头，这说明你的本质不坏，有为弱者挺身而出的勇气，因此我再奖励给你一块糖果。"

原本带着怒气的这名学生，连番受到校长与众不同的开导和表扬，不仅怒气全消，还感动得热泪盈眶，他泣不成声地回答说："校长，我错了，我不该那么冲动。"

陶行知听了，脸上露出了欣慰的笑容，他掏出口袋里最后一块糖果，递给对方，然后语重心长地说道："知错能改，就是好孩子，我佩服你的勇气，但以后遇到同样的事情，一定要冷静处理。好了，我们的这次谈话到此为止，你回去之后好好反思一下自己。"

就这样，四块糖果，四种表扬的理由，让这名学生既感动又惭愧，当即诚恳地再次向陶行知道歉，表示一定要改掉自身冲动的毛病。

从陶行知处理这件事情上，我们看到他博大的包容之心，没有批评，没有指责，也没有动用校长的权威，通过循循善诱的方式，和对方来了一次非常"走心"的谈话，也由此取得了非常好的教育效果。

谦让之风，彰显君子温润如玉的气度

谦让是一种美德，也是个人优秀素养的重要体现。懂得谦让的人无疑是一位谦逊和蔼、懂得进退有度的君子，和这样的人相处，让人有一种如沐春风的感觉。

春秋战国时期，赵国的大将廉颇骁勇善战，在和列国的征战过程中，每次都冲锋在前，立下了汗马功劳。

当赵惠文王接连几次被秦王明里暗里地欺辱时，曾是宾客身份的蔺相如挺身而出，以出众的辩才和无畏的胆略，狠狠打击了秦王嚣张跋扈的气焰，为赵国挽回了极大的尊严。

鉴于蔺相如为赵国所做出的巨大贡献，赵王提拔蔺相如为上卿，成为国家的肱骨重臣。谁知赵王的做法引起了大将廉颇的不满，在他看来，蔺相如无野战之功，仅凭三寸不烂之舌，就扶摇直上，身居高位，实在是难以让他心服口服。

为此在言语和行动上，廉颇多次冒犯蔺相如。蔺相如自然深知廉颇的用意，他没有直接反击对方，反而退避三舍，处处容忍，以谦让的态度对待廉颇。

蔺相如这样做，让跟随他的门客们感到非常不舒服，他们来到蔺相如跟前，带着疑问："先生您和廉颇将军的地位相等，为何对他咄咄逼人、蛮横无理的行为一再退让呢？普通的老百姓，尚不能忍受如此奇耻大辱，何况是您这样一个身为赵国国相的人呢？我们对先生您胆怯的表现很心寒，大家都准备离开您。"

蔺相如听完大家的质问，笑着道："你们说说，廉颇将军厉害，还是秦王厉害呢？"一位宾客回答说："当然是秦王厉害了，廉颇将军怎么能够比得上秦王。"

　　蔺相如点点头，继续道："秦王威风凛凛，厉害非凡，然而我却敢于当面斥责他，为我们赵国赢得了尊严。难道说我会害怕廉颇将军吗？当然不是，我之所以一直以礼让的态度对待廉颇将军，是为了顾全大局。赵国有我们两人在，秦国便不敢轻举妄动。因为一点小小的个人恩怨而将国家的安危放之脑后，那样做才是愚蠢的表现啊！"

　　蔺相如和门客的这番谈话很快传到了廉颇的耳朵里。廉颇由此得知，蔺相如处处忍让他，主要是为了顾全赵国的大局，并非出于害怕他的心理，不由幡然悔悟，并负荆请罪，留下一段美谈。两人就此冰释前嫌，共同为赵国的发展并肩作战。

　　由此可见，谦让和包容是一个人心胸和气度的外在体现，拥有这种优良品行的人，他的人生之路也将因此更加宽广从容。

尊重他人，不强求

尊老爱幼是中华民族的传统美德，青少年应该将这种传统美德铭记于心并传承下去。

尊重他人，就是尊重他人的人格，而不因为他人的财富、地位和威严而有所改变，即使对方是一个平凡的普通人，也值得被尊重。

尊重他人，还有一个重要前提，即尊重对方的主观感受，不去强他所难，尊重他人所选择的生活方式与生活理念，懂得换位思考的道理。

尊重，是相互的

尊重的内涵非常丰富，想要别人尊重你，你首先应该尊重别人；同理，当我们受到他人尊重时，也要谦逊有礼，不能倨傲自大。

有一个地主，家财万贯，良田千顷，是当地首屈一指的豪富人家。按说以他的身份地位，理应受人尊敬，可惜的是，这位老财主为人刻薄吝啬，看不起任何不如他的人，没有人对他有任何的好感，因此自然也得不到其他人的尊重。

财主为此感到很苦恼，自己财力雄厚，却一直被人所轻视，这种滋味实在太难受，为此他食不甘味，坐卧不安。

这一年，财主的儿子到了上学的年龄，财主便请来了当地一名德高望重的老秀才当儿子的启蒙老师。在秀才来家里之前，财主心想，我花钱请来秀才，对方应该对我万分感激吧！

但事情不像财主所想象的那样，秀才过来拜见他时，财主大大咧咧地坐在太师椅上，自己一个人喝着茶水，也不礼让一下新来的这位秀才。秀才看到财主这副模样，就简单地打过招呼，转身出去了。

财主气坏了，自己花钱请来的秀才还对他摆出一副不理不睬的样子，实在是太令人生气了。想到这里，财主追了出去，在院子里和秀才展开了一场争论。

财主对秀才说："你是我花钱雇来的，为什么不对我毕恭毕敬？"

秀才不以为然地回答说："我是你儿子的老师，师如父，我们地位平等。再说了，我是你请来的，你刚才的表现，没有体现出一丝一毫对老师应有的尊敬，凭什么让我尊重你呢？"

秀才的话语让财主一时哑口无言。他只好干笑了几声，眼珠一转，继续说道："这样说的话，是不是我将家里的财产分一半给你，你就对我无比尊重了？"

秀才笑着说："你给我一半财产，我们两人身份地位就一样了，为什么非要我尊重你？"

财主气坏了，大声说："既然这样，我把我所有的财产都给你，你总该感激我、尊重我吧？"

秀才哈哈大笑，说道："你的家产都给我了，我成了财主，你成了一文不名的乞丐，为什么要尊重你？"

秀才的一番话，让财主气得直跺脚，可是也挑不出什么毛病，自取其辱的他，只好垂头丧气地转身离开了。

故事中的财主，虽然富甲一方，但他不明白相互尊重的道理，趾高气扬的他只想仗着自己的财富颐指气使，自然也换不来他人发自内心的尊重。

日常生活中，青少年要从我做起，懂得尊敬师长、帮助同学、尊老爱幼，与他人平等交往、交流。

给老师献花表达爱戴和敬意的青少年

不强求他人，也是一种尊重

云溪是插班生，同桌菲菲在学习上很照顾她，两人很快成了好朋友。

一次秋游时，云溪背了一个很漂亮的手工缝制的带有民族特色图案的背包，菲菲看了爱不释手。

原来，这个背包是云溪的外婆特意为云溪做的，云溪很珍爱它，每次有校外活动时也总是会背上它，并拍些照片用手机发给外婆看。

菲菲实在是太喜欢这个背包了，她对云溪说："我是你的好姐妹，你跟你外婆求求情，让她也帮我做一个背包吧！"云溪感到为难，婉拒了菲菲："我外婆年纪大了，她最近视力也不太好，你的背包也很漂亮呀！"

菲菲又说道："下周末妈妈要带我去外地玩，要不把你的背包借我背几天也行呀。"云溪再次委婉地拒绝了菲菲。

菲菲没有如愿以偿，感到很生气，认为云溪太小气，不过一个背包而已，自己平时都会主动给云溪讲题，家里人从国外带来的零食也会分享给云溪，可是云溪怎么这么不懂得感恩回报呢，真是无趣。

如果你是菲菲，云溪婉拒了你，你会怎么想呢？如果你是云溪，你会将视如珍宝的背包借给菲菲吗？看到菲菲生气后，你又会如何跟菲菲沟通呢？

尊重他人，要尝试站在他人的角度去考虑问题，将心比心，才能更加理解对方的做法。

不顾他人的感受强求他人并不是明智的处事方式，不要对他人提出不合理的要求，也不要强迫他人做事情。当然，如果有人强迫你做你不愿意做的事情，你也可以委婉或明确地拒绝对方。

随感笔记

尊重是一种礼仪态度，尊重也是一门大学问，在人际交往中，保持一定的分寸感，是一个人成熟的重要标志。

作为青少年，应当时时检视自我，是否做到了对他人应有的尊重。

- 尊重他人隐私，对于他人的隐私不猎奇、不追根问底，更不大肆宣传他人隐私。

- 尊重他人的兴趣爱好。每个人都有自己喜欢的生活方式、做事方法，这是个人的自由，不要去妨碍和干涉。

- 不要轻易去评论他人的言语和行为。

- 善于倾听，换位思考，不带有偏见地指责他人。

第五章

助力公益行为，
一起创建美好社会

在社会大家庭中，作为祖国的未来、民族的希望，青少年们肩负着重任。虽然相对于成年人而言，青少年为社会做的贡献可能只是一点小小的微光，但这微光也会迸发出无穷的力量。

如果你是一位热血少年，乐于为社会做贡献，那么，请不要质疑自己的初心，即便是你小小的一个公益行为，那也是一种宝贵的正能量。

关注和参与到社会公益事业中，为社会注入属于你的青春活力。

学会感恩，勿以善小而不为

 不做自私自利的青少年

一个自私自利的青少年一定是不容易满足的，对待任何事始终以自我为中心，表现得极其贪婪，对于别人的帮助也视为理所应当，所以永远觉得别人对自己"不够好"。因此，自私自利和不懂感恩的青少年也很难感受到幸福。

天天是一名初二的学生，他学习认真但成绩平平。有一次班级里大扫除，班长给每个同学都分配了任务，但天天不接受，他觉得由其他人去打扫就足够了，自己去打扫卫生就浪费了写作业的时间，于是拿着书到外面找了一个安静的地方学习去了。

班长看到天天这样做心里很生气，但他忍住没有发火。然而，在接下来的自习课上，天天又找班长帮他讲解一道不会的题目，班长正在忙着做自己的作业，又加上天天不参与打扫卫生的事情让他心里很不舒服，就没好气地拒绝了天天，让天天去找别人，自己正在忙。

天天见班长不帮忙就生气了，因为在他看来时常助人的班长帮他讲解题目是理所应当的事情，于是天天跟班长争吵了起来，到最后还动手打了班长。

班主任知道天天打同学的事情之后，给天天的妈妈打了电话。天天妈妈来到学校了解了事情的原委后教导天天向班长道歉，班长也为自己不正确的做法向天天道歉。但天天心里还是不服气，他觉得是班长做错了，自己没有错，回家后还向妈妈大发脾气、摔东西。

天天的想法和做法有很多不妥之处，他却不自知，长此以往，就很容易造成一些不良后果。

青少年遇到事情要多换位思考，多尊重与理解别人，懂得感恩别人，及时反思自己的行为。

感恩父母

心存感恩，才能感受到幸福。世上并没有理所应当的事情，别人帮你是情分，不帮你也无可厚非。接受过别人的帮助后，特别是得到了一些原本比自己更需要帮助的人的帮助后，至少应说一声"谢谢"。如果可能的话，最好可以将这种爱心传递下去，让更多需要帮助的人感受到温暖。

提高感恩意识，用心感受幸福

懂得感恩的人才能清楚地感受到自己是幸福的。不管你的年龄大小，也不管你的能力大小，都应该拥有一颗感恩之心。每个人的一生都会遇到困难，如果在危难关头得到了别人的帮助，哪怕是一句简单的问候或者鼓励，那都会是一股暖流，让人倍感幸福。

很多时候，伸出援手的人虽然觉得自己的小小举动无足挂齿，但被帮助者要清楚，他人的这个帮助并非理所应当。在遇到问题时，别人能伸出援手就说明他／她是一个在意他人感受的人，是一个关心他人的人，所以对待这种在意、关心，千万不可视而不见，而要在必要时给予回馈。

提高感恩的意识既可以感受到别人对自己的爱，也能激励自己变得更强大以更好地感恩他人。

鑫鑫和奇奇是同班同学，鑫鑫来自较偏远的农村，而奇奇则出生于本市。鑫鑫只有每周五下午放假才能坐车回家休息两天，周一早上再返回学校；而奇奇不但每天可以回家睡觉，还能在中午回到家里吃上可口的饭菜。

对于鑫鑫来说，奇奇的生活简直是美翻了，不但可以睡着舒服的大床，而且还能吃上多样的饭菜。对于奇奇而言，鑫鑫的日子无比自由，每天晚上可以跟其他住宿生打成一片，周末也能回家享受田园生活。

虽然鑫鑫和奇奇两个人都很羡慕对方的生活，但也很珍惜自己当下的生活，他们也深知对方很希望体验到自己生活中的点滴。于是，每当奇奇妈妈做了好吃的，如饺子、包子、寿司等，奇奇都会带给鑫鑫品尝。同样，鑫鑫周一返校时，也不忘给奇奇带一些家里的土鸡蛋、野菜、泡菜等，让他也品尝一下自己家中的美食。

慢慢地，鑫鑫和奇奇的做法也感染到了其他同学，更多的同学懂得了要互相关爱的道理。

同学之间既可以做学习上的伙伴，也可以做生活中的挚友。在别人需要帮助时能帮一把，不但能增进彼此的关系，也能将这种爱传遍整个校园，让周围同学都能感受到这种温暖。在这种被幸福笼罩的校园中，大家一定可以开心快乐地学习、成长。

感恩分享的快乐瞬间

受到帮助，懂得感恩

青少年不要以他人对自己帮助的大小来判断是否应该感恩。很多时候，帮助你的人可能默默地付出了很多，可是因为种种原因而没能对你起到太大作用，所以你一定要用心感受，感恩每一个帮助过你的人。

今天，阳阳要参加一个很重要的数学竞赛。因为此次竞赛，阳阳下了不少功夫，所以他非常重视这次竞赛。阳阳吃完早饭就奔赴距家五公里的考场。可是，阳阳一下出租车就发现自己的笔袋落在了车上，而且车已经跑远了，这可急坏了马上要进入考场的阳阳。可是，考试时间马上到了，阳阳只能硬着头皮先进入考场再想办法。幸好，老师提醒阳阳到讲台上找找，看看有没有别人遗留的文具，结果真找到了一支笔和一块橡皮。

交完试卷，阳阳正打算出校门，远远就发现了一个熟悉的身影，这不是早上那位开出租车的叔叔吗？

原来，这位好心的司机在送了好几位乘客后发现了被阳阳遗落在车座上的笔袋。司机意识到可能是阳阳丢的，立马开车前往考场送笔袋。但是，因为考试早已开始，门卫没让司机进校园。于是，司机决定就在门口等候，亲自将笔袋交给这个考生。

得知事情的来龙去脉，阳阳心里暖暖的，并真诚地感谢了司机叔叔。

随感笔记

青少年只有怀有一颗感恩之心，才能意识到如今幸福生活的来之不易，从而更加珍惜当下，更积极乐观地生活、学习。因此，让青少年学会感恩对其成长是极其重要的。

那么，作为新时代的青少年应该感谢谁呢？列举如下。

- 感恩父母。
- 感恩老师。
- 感恩社会。
- 感恩亲友。
- 感恩大自然。

参与公益，让你成长得更好

一说到"公益"，很多人或许会首先想到这样的场景：一大群成年人带着自己准备的大批物资，送到一些需要帮助的人手中。实际上，公益事业的参与者不只限于成年人，青少年也可以参与其中。

公益活动，一种用爱心编织的活动

参加公益活动的人们都希望用自己的绵薄之力将爱心传递下去，让更多需要帮助的人感受到温暖，被爱环绕。

公益活动，是组织或个人向社会进行捐赠的一种活动，具体可以捐赠知识、时间、精力、财物等。

青少年可以根据自己的能力献上自己的一分力量，为公益事业做出一点贡献。这样，如果每一个青少年都能参与进来，那么汇集在一起一定是一股巨大的力量。

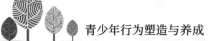
说到"公益"，不得不提到的一个词就是"慈善"。从表面上看，公益与慈善都是指心怀感恩，伸出爱的双手，帮助一些需要帮助的人，但实质上二者并不是一回事。

 随感笔记

公益与慈善是两个不同的概念，公益就是公益，慈善就是慈善，二者没有包含与被包含的关系，更没有范围大小之别。

公益的特点如下。

- 公众行为。

- 捐赠的多少不重要，重要的是让更多人参与其中。

- 每个人都可以做。

慈善的特点如下。

- 个人行为或集体行为。

- 捐赠多少是隐私，可以不告知他人；慈善机构善款应公布明示。

- 由有一定经济基础或号召力的人或机构来组织。

 人人都可以参与公益

参与公益活动是一件很有意义的事情，它能体现一个人的修养与智慧，也是促使个人成长的一个很好的方式。每个人都有参与公益活动的权利，也就是说，每个人都可以参与公益活动。

人人都可以参与公益

公益的全称就是公共利益事业，其关系着社会公众的福祉与利益，如救济、卫生等群众福利事业。公益是为人民服务的不计回报的一种很通俗的说法。

参与公益活动其实就是通过做一些力所能及的事情，帮助一些需要帮助的人，以使世界变得更加美好和谐。

对于一个集体而言，参与公益活动是一种荣耀。对于个人而言，参与公益活动可以带来意想不到的快乐。俗话说："赠人玫瑰，手有余香。"只有身处其中，你才有机会感受这种乐趣。在帮助别人的同时也是在帮助自己，提高自己的幸福指数，这种感受是做其他事情所体验不到的。

公益活动的形式也是各种各样的，青少年可以参与一些敬老爱老的活动，可以在公园做一些环保活动，到福利院帮助照顾身体有缺陷的宝宝，将自己闲置的图书捐赠给偏远地区的学校等。

你不要觉得自己的能力弱小就置身事外，要坚信无数个小小的善举汇聚起来的力量一定是巨大的、前途无量的。每当在公益活动中看到被帮助的人脸上洋溢的幸福笑容，你的心里会自然地被一种快乐与幸福所笼罩。

如今有很多公益活动社团，你可以通过正规渠道参与其中，为社会贡献出自己的一分力量，让我们的祖国更加繁荣富强。

青少年参与公益活动的好处

某中学最近组织了一次"关注留守老人"的公益活动，请同学们从家中带一些食物、生活必需品或者书籍等一切老人可以用得上的物品，然后一同前往老人家送给老人。到老人家里后，同学们分别帮助老人打扫房间、洗衣、做饭、给老人表演节目、与老人聊天等，让老人愉快地度过一天。有的学生在家从未做过家务，而通过这次活动开始意识到家长做家务的辛苦，回到家之后也尝试帮助家长分担一些家务；还有个别孩子性格有些孤僻，不敢与陌生人交流，而在与老人亲切的聊天中发现只要保持一颗真诚的心，与别人交流起来并不难。

作为青少年，我们应该积极参与公益活动。因为多参加公益活动对于青少年有着诸多好处。

首先，参加公益活动可以让我们全方位地了解自己的国家，提高爱国意识，如在重要时刻能以国家利益为中心。

其次，参加公益活动能增强我们的社会责任感，让我们认清自己在社会中所扮演的角色，做一些力所能及的好事，如在乘坐地铁时为老人、小孩或孕妇让座。

再次，参加公益活动可以锻炼我们的毅力，培养良好的品格，如愿意通过自己的劳动换取财物以资助偏远地区的小朋友。

最后，参加公益活动可以丰富我们的业余文化生活，让自己各个方面的能力都得均衡发展。

总之，热爱祖国、关爱他人、行为文明、无私奉献、与人为善等良好品格都能在公益活动中得以培养。

青少年参与旧衣服回收公益活动

丰富多彩的公益活动

公益活动的种类非常多样，青少年可以参与自己感兴趣的或者认为自己有能力胜任的公益活动。

青少年可以参与的公益活动有如下几种。

- 环境保护活动。
- 社区服务活动。
- 公共福利活动。
- 公共知识宣传与传播活动。
- 社会救助活动。
- 青年服务活动。
- 专业服务活动。
- 文化艺术活动。
- 国际合作科技、文化交流与合作活动。

瑄瑄是一名六年级的学生，他对环保特别感兴趣，在学校里也积极参与各种与保护环境有关的社团，平时一有机会就会参与一些公益活动，想为环保事业做一些力所能及的事情。

恰巧，3月12日（星期六），市里开展了一次植树节活动，呼吁广大市民踊跃参加。瑄瑄号召"爱心社团"的成员们积极报名，并如愿以偿地参与到植树活动中，大家一块翻土、浇水、施肥，没用多久就栽好了两排树。社团成员们也都做得不亦乐乎，并叮嘱瑄瑄，如果再有这样的活动一定记得叫上他们。

乐乐很喜欢小动物，一次他听说社区要宣传如何正确救助流浪小动物和如何文明牵绳遛狗，这个宣传活动需要招募一批发宣传单的小帮手，需要挨家挨户发送传单，于是乐乐很踊跃地报了名。通过发宣传单，不仅帮忙进行了公益宣传，自己也懂得了怎样更好地救助小动物、与小动物相处。

姐姐在小区乐园玩耍时发现了一个很大的绿色铁箱，于是很好奇地问妈妈它是什么。妈妈告诉姐姐，铁箱里面装的是居民们不穿的旧衣服，它们会被送到一些需要帮助的人的手中。姐姐一回到家就让妈妈帮助她找一些自己穿着小了的衣服和鞋子，然后送到了箱子中。之后，每当姐姐发现自己或者爸爸妈妈有不穿的旧衣服时，都会整理并送到箱子中，想到这些衣服还可以再利用，姐姐心里感到非常温暖。

 随感笔记

尽管青少年积极参加公益活动对自身的成长有诸多好处，但也要注意保护自己，不要因为只想奉献而给自己带来伤害。那么，青少年在参加公益活动时需要保护自己的哪些方面呢？列举如下。

- 生命与健康。
- 自由与人格。
- 名誉与财产。

学习公益知识，从这些方面着手

当青少年在不经意间接触到了某个公益活动后，很容易被其触动、感染并有意投身于公益事业之中。即便青少年能在同学、朋友、家长、老师的指引下顺利地参与一些公益活动，但自己也要了解基本的公益知识。

公益活动是一种将爱与能量传递出去的行为，为了能正确地传递正能量，你应该对公益知识有基本的了解。

了解社会公益组织

要想更好地参与到公益事业中，将自己的光和热恰到好处地发散到需要帮助的对象身上，首先应该清楚地了解什么是社会公益组织。

公益组织在早期通常是出于人道主义而开展救援、救济活动，并且有不少公益组织源于慈善机构。很多西方的学者将公益组织归为非政府组织，而我国的一些学者则将其称为非营利机构，用于区别政府组织和企业组织等。

实际上，截至目前，对社会公益组织的界定还没有统一的说法。最为普遍的观点是，社会公益组织是一种合法的、非政府的、非营利性的民间志愿性的社会中介组织，其致力于社会公益事业和解决各种社会性问题。

找到自己想要参与的公益组织

到目前为止，我国的社会公益组织已经具有了一定的系统性，按照不同规模、人群、领域创办了不同的组织。

有国家的综合公益组织（如公益中国·慈善联盟）、公益媒体（如感恩中国）等组织。

有许多关注青少年及儿童（如中国青少年发展基金会）、女性（如中国妇女发展基金会）、贫困人群（如中华扶贫网）、老年人（如关爱老人义工联盟）、残疾人（如自强爱心网）等的组织。

有关注心灵与美德、生命与健康（如中华骨髓库）、动植物与生态环境（如中国环境保护基金会）等组织。

当然，也有许多地方的公益组织（如各省公益基金会、各市爱心助学组织）在如火如荼地开展着。

例如，如果你在北京并想参加一个关注老年人的公益组织活动，那么就可以直接上网搜索"关爱老人义工联盟"，可查找到联系方式，并联系负责人，认真咨询，如对志愿者的要求、活动开展的时间、地点、方式等。详细沟通活动详情，认真做好准备工作，以顺利地完成此次活动任务。

乐观向上的青少年们，如果你想参与到公益事业中，那就从实际出发，找到适合自己的并能保证可以一直坚持下去的组织吧。那群与你志同道合的伙伴正静静地等着你的加入呢！

公益活动参与者的基本素养及觉悟

　　青少年想要成为一个合格的公益活动参与者，那就要努力提升自己，让自己具备公益活动参与者应该具备的基本素养。

- 爱祖国、爱人民。
- 遵纪守法、爱岗敬业、无私奉献、有团队意识。
- 有一定的组织协调能力、表达能力及随机应变能力。
- 有亲和力，乐于沟通。
- 谦逊，认真听取他人提出的意见。
- 有恒心、有毅力，责任心强，有服务精神。
- 主动学习，能利用特长更好地服务于大家。

　　能成为一个合格的公益活动参与者，说明你各方面的素养都是不错的，虽说现在你的付出都是无偿的，但在不久的将来这种付出一定会以另一种形式转变成对你人生有意义的资本。

　　因此，当听到质疑的声音时无须辩解，因为你的命运要掌握在自己手中，你认为对的而且也有部分人始终在坚持着的事情你没理由不做下去。

　　青少年在正式参与公益组织活动之前都要清楚，这件事做起来是有一定挑战性的，更是需要有很高觉悟的。

青少年对于公益活动的觉悟体现在以下几个方面。

- 无偿事业，不计回报。
- 与被帮助者是平等的、互相尊重的关系。
- 不仅给他人提供了帮助，还促进了自己的成长。
- 初心是回报社会。
- 用自己照亮他人，并影响更多"光明使者"参与其中。

 公益应该尽力而为

既然选择了参与公益事业这件事，那就要竭尽全力，尽力而为。每当看到被帮助者那渴望被帮助的眼神、溢于言表的感激，你一定会有很大触动。如果一个小小的举动就能给那些被帮助者带来切实的帮助和安慰，那么为何不将这种举动发挥到极致呢？

小薄荷家的邻居是一位双腿残疾的叔叔，他一直以来都是与自己长年卧床的母亲相依为伴，主要经济来源是在网上卖床上用品如床单、被罩等，这样才勉强能维持生计。小薄荷的家人一直都很照顾他的生意，而且也会推荐给亲朋好友前来购买。

近期学校要开展一些关注残疾人的公益活动，让同学们积极踊跃地报名或者找到一些身边真正需要帮助的对象。于是，小薄荷特意跟老师反映了邻居叔叔的情况，并组织同学特意做了调查，了解到了详实的情况。

很幸运，最后这位叔叔被列入了此次活动的名单中，成了大家帮扶的对象。同学们计划将这位叔叔的床上用品一部分拿到市场上售卖，另一部分则挂在网上，还可以推荐给自己的家人。

除了帮助这位叔叔售卖床上用品，同学们还去他家帮助整理房间、照顾卧床的老奶奶，还会定期送一些牛奶、纸尿裤等生活必需品。

虽然青少年的力量有限，但他们能想尽办法，通过各种方式帮助这位残疾人，改变了当前的生活环境。

 ## 公益更要量力而行

虽说无私奉献精神是一个志愿者的基本素养之一，尽力而为是对被帮助者最大的付出，但奉献与帮助都要有"度"，即要量力而行。

毕竟，作为青少年，你的年龄尚小，在身体和心理上都没有达到成熟状态，所以做事、考虑事情都会有所欠缺。

你要清醒地认识到自己的能力，要量力而行，不要因为一时的冲动或者"打肿脸充胖子"而做一些对自己有诸多不利或带有危害的事情。

大树所在的学校计划在周末举办一次义卖活动，需要同学们从家里带来一些闲置不用的物品，如玩具、衣物、小家电等，在义卖会上进行售卖，用所获得的钱来为一些偏远地区的留守儿童买一批新书包。

大树是一个很在意别人看法的人，也总希望自己及自己的班级能在整个学校都受到关注。于是，他把家里很多他很喜欢的、很贵重的玩具都带到了学校。

此外，大树还强迫弟弟拿出自己一半的玩具用于此次义卖活动。虽然大树的物品为自己和班级赢得了许多赞许，但他和弟弟的内心都因为失去这些玩具而感到心疼。事后，大树还让爸爸去超市里为自己和弟弟重新买来一些玩具。

大树支持义卖活动的做法是很值得表扬的，但是他太在意别人的看法，以为自己拿的越多就越能证明自己多有爱心。殊不知，做公益应该根据自己的能力和实力量力而行。

小小举动送温暖，你也能做好的那些公益活动

虽然青少年的能力有限，但可以通过有限的能力创造无限多的温暖。"众人拾柴火焰高"，如果每一位青少年都付出一点点，那么聚成的火焰一定能温暖被帮助者。

社区环境，由"你"保护

社区环境的好坏直接影响着广大业主的生活舒适度。穿过小区，眼前那宽阔平整的路面、整齐排列的树木、清新优雅的小草、娇艳欲滴的花朵、一尘不染的娱乐设施等，无不蕴含着社区后勤工作者的辛劳。

虽然社区内良好环境的维持是保洁工作者分内的职责，但也离不开广大业主的爱护。因此，作为小区的一员，青少年也有责任和义务参与到环保活动中。

果果的学校对同学们做了垃圾分类知识的普及，所以每个同学都很

清楚各种垃圾要如何投放到不同的垃圾桶中。果果所在社区在本周末也要组织大家学习一些垃圾分类的小知识，并诚挚地邀请广大业主前来参加。于是，果果早早地来到社区门口，并告知社区工作者自己已经知道了如何进行垃圾分类，还特意向在场的人员进行了简单的介绍，最终很荣幸地被选为社区垃圾分类的小小讲解员。果果一边耐心地讲解，一边展示不同垃圾要放在哪个垃圾桶，不少大人听到果果详细的讲解都非常惊讶，并纷纷对果果竖起了大拇指。讲解完之后，果果带领着自己的"小徒弟"前往各个单元门口的垃圾桶旁边进行实践，当有人投放垃圾时，如果小志愿者们发现放得不对会直接帮忙捡出来放进正确的垃圾桶中。果果想通过自己的努力感染每一位业主，让他们有环保的意识，共同保护社区的环境。

垃圾分类，共建和谐社区

作为社区的成员，小区环境与你息息相关，多一分保护就多了一分舒适。

爱心便当，由"你"递出

虽然人到了一定年龄就没法继续为社会做出太多贡献，但他们曾经在工作、家庭上的辛勤付出是不可被遗忘的。青少年如今的幸福生活，显然也是老一辈人辛苦创造的。因此，青少年要懂得感恩，也要尽己所能地为这些老人做一些力所能及的事情。比如，过马路时，搀扶一下行动不便的老人；乘坐公共交通工具时，为老人让一个座位，等等。

如今，一些家庭出于各种原因选择将老人送到养老院养老。这些老人长期生活在养老院，特别需要来自社会的关爱。因此，青少年可以找机会参与一些帮助养老院老人的公益活动。

芳芳听说近期她所在的城市在招募一些想参与"为养老院老人送爱心便当"的志愿者。于是，她很积极地报了名。活动的前一天，负责人对参与人员的工作做了分工，即一些人负责到超市采购食材，一些人负责制作美味的便当。

活动当天，芳芳早早地加入购买食材的队伍中。准备好食材，接下来，制作便当的小厨师开始大显身手。很快，美味又好看的便当就做好了。芳芳和其他爱心人士一起将精心制作的爱心便当送到了养老院每一位老人的手中。

救助流浪狗，珍爱生命、守护生命

狗狗是人类忠实的朋友，但是不少人出于各种原因中途会抛弃它们，让它们流落街头。在寒冷的冬季，如果流浪狗们找不到栖息之地将很可能被冻死；如果找不到食物，也最终会被饿死。

不过，让人欣慰的是，越来越多的爱狗人士开始关注救助流浪狗的问题，他们会租用一片场地专门用来收留救助下来的流浪狗。而且会有许多闻讯而来的志愿者愿意帮助照看这些狗狗。青少年要想为救助流浪狗贡献出自己的一分力量其实很简单。

添添是一个非常喜欢小动物的男孩，他的家里现在就养了一条在家附近捡到的、被遗弃的小狗，添添将小狗照顾得很好。一天，添添在外面玩的时候又发现了一窝刚出生没多久的小奶狗，可是等了很久发现狗妈妈一直没回来。

添添看着这一窝可怜的小狗非常心疼，可是因为家里空间小勉强只能养家里现有的一只狗狗，再多领养一只小狗对家人的生活和对小狗的成长都是没有好处的。于是，他找到了流浪狗救助站的叔叔，让他们把这一窝小狗接走，并商定好以后周末有时间会去照看它们。

此后，每到周六，添添去看望那些狗狗之前都会先把自己积攒的一堆废纸壳拿去卖掉，回来的路上去买了一些狗粮和小零食，然后坐着公交车前往救助站，狗狗们吃得非常满足，玩得也很开心。虽然添添是第一次来狗狗救助站，但他对这里的环境并不感到陌生，而且也深受狗狗们的喜爱。从此，添添一有时间就会带一些狗狗能用得上的物品送到救助站，并帮助狗狗洗澡、梳理身上的毛。添添的朋友和同学知道以后，也纷纷加入到了这项活动中，救助站的志愿者队伍越来越大。

信任的目光，需要你的疼爱

公益演出，小小举动传递爱

福利院的孩子要么是父母已经去世的孤儿、那么是无人抚养的残疾儿童，他们中有许多孩子连生活自理能力都没有，一辈子都只能躺在床上。福利院的孩子更需要被关照，更需要社会的爱。

与福利院的孩子们相比，每一个被家人宠爱、被社会重视的青少年都是幸运且幸福的。那么，身为祖国的未来与希望，青少年是不是应该将自己的爱分享给更多的亟须被爱的福利院孩子呢？答案一定是肯定的。

其实，有不少青少年早已参与到了关照福利院儿童的活动中，给那里的孩子提供了许多帮助。

婉儿是一个多才多艺的女孩，能歌善舞，还会弹钢琴。同时，她也是一个充满爱心的女孩。听说有一个公益演出会在婉儿的校园举办，她立即报了名。她还听说，这次演出所筹集的所有钱都会用于给福利院的孩子购买物资。

为此，她花费了不少工夫练习唱歌和舞蹈，想要更完美地呈现自己的表演，以帮助组织获得更多的慈善资金。活动结束后，婉儿还特意告诉活动组织者自己特别想为福利院的孩子唱歌、弹琴，想成为那些孩子的朋友，让那里的孩子也能感受到更多的爱。

指挥交通，安全出行人人有责

俗话说："无规矩不成方圆。"如果每个人做事都无视规则，那么社会一定是一片混乱。青少年在学校要遵守校规校纪，在家里要懂得遵守家规，在社会上就要遵守社会上各种规则。比如，在超市结账时要懂得排队，在公交车上要避免大声喧哗，不乱扔垃圾，不破坏树木，等等。

在人口密集、车辆众多的城市里，交通规则是每一个市民都应该严格遵守的。可是，生活中经常有一些喜欢投机取巧的人，如红灯时看到附近没有车经过就直接穿过人行横道，一些司机为了在红灯亮起之前穿过路口突然加速，诸如此类，使一些本可以避免的交通事故频频发生。

青少年除了要认真学习交通知识，遵守交通规则，也要尽自己所能为整个城市营造良好的遵守交通规则的氛围。

最近，圆圆参加了一次指挥交通的公益活动。交警叔叔先简单讲解了今天的工作内容，然后带圆圆来到了平时工作时站的红绿灯处，让圆圆手持一个写有"停"字的标识牌，提醒对面来的车辆和行人要停一停。

通过半天的指挥交通的体验，圆圆深切地体会到了交警叔叔的辛苦，也将自己在书本上学到的交通知识应用到了实际生活中，颇有成就感。此外，不少路过的市民见到此景也表示非常感动，纷纷表明自己在未来一定要遵守交通规则，共同塑造安全有序的交通环境。

随感笔记

良好的环境是人们实现更好的生存和发展的基础，因此每一个公民都应该爱护环境。作为祖国的花朵，青少年更要以身作则，积极参与环境保护的公益活动中。

日常生活中，可以参与以下这些保护环境的公益活动。

- 珍惜水资源，节约用水。
- 保护植物植被和野生动物。
- 远离空气污染，让人们自由地呼吸。
- 拒绝噪声污染。
- 学会垃圾分类。

第六章

积极参与体育运动，
健身、健心又益智

青少年健康成长，运动健身必不可少，青少年应该为了强健的体魄、健康的心理和聪明的头脑而积极参与体育运动锻炼。

　　在闲暇时间不妨放下手机、关上电脑，走向室外做一些体育运动，让身体活跃起来，让大脑暂时放空，将烦恼抛到脑后；让自己变得更强、更壮、更聪明。

体育运动能带来哪些好处

积极参与体育运动，健身、健心又益智，现在学校都很重视学生的体育运动参与情况，爱运动的青少年，体质、身高大都会比不爱运动的青少年要更好、更高一些。

当然，也有很多青少年不喜欢运动甚至抵触运动，觉得运动是一种很麻烦的事情，不如多睡一会儿觉、多看一会儿书。实际上这是一种错误的认知，青少年要清楚体育运动会给自己带来各种好处，这样才能更加重视运动。

勤运动，快长高

身高对于一个人的外表而言是至关重要的，它对一个人的心理、生理以及人生都会带来一定影响。因此，每个人都希望自己有标准的身高，甚至高于他人的身高。

青少年时期是一个人长身高的最关键时期，所以这一时期的你一定要想尽办法让自己长高。运动是一种很有效的帮助青少年长高的方式，如打篮球、跑步、跳远、跳绳等。

跳跳今年上四年级了，可身高只有120厘米。其实，跳跳出生时只有4斤3两，体长也才47厘米，是一个典型的早产儿。从出生到现在，跳跳的体质一直都比较差，经历了各种大病小病。幸好，在家人的悉心照顾下，跳跳成功闯过了一道又一道难关。虽然现在跳跳时常生病，但都是比较常见的小毛病。最让家人和跳跳自己感到头疼的是跳跳的身高。

跳跳尝试过通过调整饮食增高，但效果都不理想。最近，跳跳爱上了打篮球，而且体育老师告诉他，虽然他个子小，但是多打篮球有助于他长高，跳跳听了很是开心，更加积极地参与篮球运动。

打篮球有助于长高

坚持经常参与篮球运动一年后，跳跳的身高果然长高了不少，如今，跳跳的身高已经达到了正常标准。看到自己的努力终于得到了回报，跳跳非常开心。

爱运动，反应快

反应，指人体受到外界刺激之后，中枢神经系统本能的条件反射所引起的意识的回答刺激的行为。

反应能力越强，在遇到突发事件时思维就会越敏捷，就越可能将问题处理好。有的青少年的反应稍慢一些，但是可以借助一些手段加以提升。

反应能力可以通过思维训练的方式来提高，还可以通过参与一些体育运动，如球类运动、跆拳道、短跑等来提高。青少年可以在接球、运球、躲球、投球的互相躲闪、彼此较量的过程中提高反应能力。

玲玲大概从五岁就开始学习打乒乓球，所以她的视力、身体协调能力都非常好。慢慢地，许多教过她的老师都发现，玲玲的反应速度要好于班里其他大多数小朋友。

一些家长得知此事后很想向玲玲的家长取经，想知道平时都做什么训练才让玲玲反应如此快。后来得知玲玲一直坚持打乒乓球才意识到其中的奥秘。于是，其他家长也开始纷纷引导自己的孩子去打乒乓球，并且经过一段时间的训练的确有了一定的效果。

课上抢答

多运动，少生病

在集体生活中，青少年很容易受到病毒、细菌的侵害。同一班级或宿舍一旦有一个学生感冒，其他学生可能也会接连感冒，而且症状基本相同。但是，总有一些学生能够一次又一次成功地避开生病。那么，为什么生活在同一环境下，有的学生就不容易生病呢？其实，这主要与学生的抵抗力强弱有关。

抵抗力也叫"免疫力"。人体的抵抗力，可以简单理解为，身体在中枢神经系统的控制之下，人体各系统分工合作，密切配合，保证身体内部生命活动正常进行并抵御外部病菌侵害的能力。

　　对人体抵抗力发挥着重要作用的系统是与其关系最为紧密的免疫系统。当一个人的免疫系统的防御功能很强时，他／她就能防御外界病原体的入侵，进而免于病毒、细菌、污染物及疾病的攻击。

　　清楚了人体抵抗力对预防疾病发挥的重要作用，你一定很想知道怎样才能提高自己的抵抗力。

　　提高人体抵抗力的方式有很多，如保证高质量的睡眠、保持乐观的情绪、补充一定量的维生素和矿物质等。积极参与体育运动锻炼是增强人体免疫力与抵抗力的非常有效的方式之一。

　　钰儿是一个体弱多病的学生，经常会因为生病而不能正常上课，严重影响到了她的学习成绩。眼看就要小学毕业了，这样的身体让她很难进入一个理想的中学。爸爸妈妈意识到问题的严重性，开始花费更多的精力来帮助钰儿增强免疫力。妈妈每天早起负责给钰儿制作营养早餐，而爸爸则会陪同钰儿每天晨跑 30 分钟。

　　就这样，坚持晨跑几个月之后，钰儿发现自己不再那么容易生病，抵抗力明显好于之前。另外，钰儿的学习也有了很大进步。通过跑步，钰儿的身体免疫力增强了许多。

会运动，更健美

我们身边经常会一些身材肥胖的小朋友，这些小朋友都有一个共性，即爱吃、不爱运动。殊不知，肥胖不但影响外表，还可能给身心带来极大危害。

妞妞是一个胖女孩，并且因为过于肥胖，她的身体已经发出一些明显的警告信号，如血糖与血脂都偏高、打鼾、走路气喘吁吁等。最让妞妞本人受不了的是，走在路上被人指指点点，在班级里也常被一些调皮的男生取笑。

终于有一天，妞妞下定决心要改变自己，要变瘦，要成为健康、漂亮的女孩。通过与爸爸妈妈的沟通，她决定通过游泳减肥。人在水中游泳时，手臂会划动水，两腿还会打水或蹬水，全身的肌肉都参与到了运动中，是一种很好的减肥方法。每天放学后，只要妞妞有时间，她就会前往家附近的游泳馆，游泳一个小时。

起初，妞妞游起来很费劲，姿势不标准，速度极慢。但经过一段时间的训练，妞妞的游泳技术得到了很大提升，连教练都感到非常惊讶。最重要的是，妞妞的体重轻了不少。看着镜子里的自己不再像之前那样肥胖，妞妞的心里像滴了蜜一样甜。

常运动，获友谊

青少年都有自己的运动喜好，有的喜欢打篮球，有的愿意踢足球，有的爱跳绳，有的擅长跑步。因此，有着相同运动喜好的青少年很容易在运动过程中建立起深厚的友谊。

翔翔酷爱足球，刚升入初中没多久，他就在班级里组建了一支足球队。平时一有时间，翔翔就会组织同学们来一场足球比赛。慢慢地，同学们在足球场上的配合越来越默契，赢得比赛的次数也增加了。

相对于其他班，翔翔班里的同学们有着更强烈的集体荣誉感，不论在学习还是生活中，他们班的同学总会表现得非常团结友爱。

一起进行体育运动很容易拉近同学之间的距离，让大家收获深厚的友谊。

友谊万岁

喜运动，变乐观

通过观察你应该可以发现，越是爱运动的青少年就越积极乐观，遇到事不会先想到放弃，而是会努力一把。其实，通过运动，青少年看到自己的个子长高了、反应快了、身体更强壮或更苗条了，还交到了很多兴趣爱好相同的好朋友，那么自然心理也就会更加乐观。烦恼不见了，剩下的都是开心。

小花本来是一个爱说爱笑、爱唱爱跳的女孩。可是，一进入初中，小花的性格突然大变，每天郁郁寡欢。妈妈问及原因，才知道小花因为初一学业繁重而不能适应这样的节奏才苦闷不已。得知这件事之后，爸爸妈妈不断地开导小花，并鼓励小花多到外面运动。周末一有时间，爸爸妈妈也会带着小花去爬爬山、骑骑车、打打羽毛球等。

渐渐地，小花的脸上又有了久违的笑容。小花开始变得越来越乐观，而且不再为学习发愁。她知道，只要自己肯努力就一定不会被落下。从此，小花还会坚持经常运动，不但没有影响学习，反而帮助她在遇到困难时变得更加的坚强、乐观。

可见，喜欢运动与学习并不矛盾。所以，青少年要经常运动，找到自己喜欢的运动并坚持下去，这样也会更乐观。

随感笔记

虽然积极参加体育运动会给青少年带来诸多好处，但是如果运动方式错误，将会给青少年带来许多负面的影响。

青少年在进行体育运动前一定要清楚基本的注意事项，列举如下。

- 要根据运动当天的天气、空气质量，决定是选择室内运动还是室外运动。

- 运动既要控制好量，又要把握好度。

- 将体育运动放在与学习同等重要的地位。

- 既要珍惜校内的体育锻炼时间，又要加强课后的体育运动。

- 合理饮食，适当休息。

想要增强毅力，去跑步吧

毅力就是意志力，指人们为了达到预定的目标而自觉地克服各种困难，努力付出的一种良好品质。

毅力的重要性

"龟兔赛跑"的故事你一定听过，即便摆在眼前的事情对你而言有一定难度，但如果你能一直坚持做下去那就一定会有所收获。

可见，有毅力的人在遇到困难时不会轻言放弃，有明确的目标，所以有更大的机会获得成功。

具体来说，毅力有两个意义：一是它对成功有决定意义；二是它是实现理想的重要桥梁。

通往成功的道路并不会一直平坦，当遇到困难时，如果你能保持决心、坚定态度、勇往直前，那么就可能成功。

祥祥出生于偏远的农村，学习很刻苦，很顺利地考入了市区的一所重点中学。因为之前的英语基础较差，所以祥祥开始猛补英语。虽然到了一个新的环境，有许多新鲜的、美好的事物都是祥祥不曾见到过的，但他并没有受到影响，而是全身心地投入学习中。

祥祥深知自己父母的不易，所以很想用知识改变自己的命运，改变家人的生活。从进入初中第一天起，祥祥就为自己定下目标，即要考入市里的重点高中，这样将来更有机会进入一所理想的大学。

为了实现自己的理想，祥祥每天都会比其他同学起得更早、睡得更晚，觉得自己多努力一点就离目标更近一点。甚至在吃饭时间，他都不忘多背几个单词，多复习一遍上节课的重点。

经过一学期的努力，祥祥终于将英语成绩提上来了，而且总成绩在年级排名也非常靠前。

可见，毅力对于一个人的成功有多重要。

跑步是一种怎样的运动

清晨或夜晚，总有一些熟悉的身影驰骋于平坦的塑胶跑道之上，他们用迅捷的动作、矫健的身姿和铿锵有力的步伐跑出了健康，跑出了自信，更跑出了快乐。

跑步是日常生活中很方便进行的一种体育运动方式，也是一种典型的有氧运动。

青少年长期坚持跑步会带来诸多好处。

- 调动肌肉、骨骼及关节的运动，促进生长发育。
- 缓解眼部疲劳，预防近视。
- 消耗脂肪，预防肥胖。
- 增强免疫力，减少疾病发生。
- 放松神经，调节情绪。
- 坚持跑步，增强毅力。

跑步是如何增强毅力的

通过跑步，你能见证自己的成长与进步，更能发现坚持的意义。一旦发现了跑步给你带来的一切美好，你就会更愿意继续跑下去。从最初的尝试跑步到之后的愿意跑步，再到后来的爱上跑步，在不断的坚持中，你的毅力也随之增强。

要想坚持长跑这项运动，就要养成良好的习惯。习惯养成了，跑步者就会将跑步运动坚持下去。

比如，初跑者可以为自己制订一个短期计划，第一个阶段可以每天跑1公里，坚持一个星期；第二个阶段可以每天跑1.5公里，坚持30天；第三个阶段每天跑3公里，坚持60天。慢慢地，跑步者的习惯养成后，毅力就会增加。

可以说，一个能长期坚持跑步的人一定也是做事能坚持、不轻易说放弃的人，是一个意志力很强的人。

青少年要增强自己的毅力就可以坚持跑步这项运动。

轩轩在爸爸妈妈的眼里一直都是一个不太靠谱的人，因为他似乎从来没有坚持做完任何一件稍有难度的事情。

为了证明自己，轩轩决定要早起跑步，让爸爸妈妈看到自己的进步。于是，轩轩特意用周末时间为自己准备了一身很棒的装备，还制订了一个详尽的计划表，每周一、三、五跑步半小时。

为了不耽误上学时间，轩轩特意将闹钟往前多调了1小时。闹钟一响，他就快速冲向洗手间，洗脸、刷牙。装备穿戴好之后，轩轩就精神抖擞地出门了。

在路上，轩轩遇到了不少小区里的熟人，还受到了大家的表扬。看到大家投来的钦佩的目光，轩轩更下定了决心，要把跑步这项锻炼坚持下去。

坚持跑步一段时间后，爸爸妈妈问轩轩"是不是新鲜劲儿过去了？累不累呀？以后还要跑吗？"轩轩只坚定地回答："跑"。就这样，一周过去了，一个月过去了，半年过去了，轩轩坚持着跑步这项运动。慢慢地，轩轩开始爱上跑步这项运动，并决定要一直坚持下去。

如果你也要证明自己是"可以的"，也想成为一个有毅力的人，那就跑起来吧。

科学跑步，奋力前行

很多人会认为，跑步很简单，不就是迈开双腿，来回交叉前行就行吗？其实，跑步是一项全身运动，会用到人体的各个部位，包括双手、躯干、五官等。在跑步过程中，只有保证身体各部位配合好，才能使你的跑步运动更正确、有效。

可见，跑步不是你想怎样跑就可以怎样跑的。假如你不顾及跑步的标准姿势、无视跑步的动作要领，那么很可能造成身体损伤。

许多不会跑步的人经常一上跑道就想健步如飞，殊不知自己可能发生危险。毕竟，做任何事之前，都应该做好准备、打牢基础。

稳稳是个行动力很强的孩子，决定做什么就会立马行动起来。一天，他和好几个同学约定谁能在一个月之内减重最多，其余人要每天请这位同学吃午饭。稳稳当天晚上 9 点就开始在自己小区里跑步，跑到 10 点才回家洗漱睡觉。就这样，坚持了一周，稳稳就感到膝关节、踝关节作痛。其实，稳稳的跑步强度和频率没有问题，但是稳稳急于求成，跑前不热身，跑时求快，所以才引发了身体不适。

在身体没有做好充分准备的情况下就进行跑步，很容易造成膝关节和踝关节的损伤。

跑步之前的热身、跑中的节奏把控、跑后的拉伸等都非常重要，不能忽视。以跑前热身为例，它具有以下重要作用。

- 唤醒机体，让神经系统兴奋起来，做好跑的准备。
- 激活肌肉，产生更大的力量，让你跑得更快。
- 让体温升高，降低软组织的黏滞性，预防肌肉损伤。
- 调动心肺，快速进入跑步状态。
- 提前适应跑步环境，如天气、场地。

除了热身，跑步还有许多技巧，掌握了这些技巧可以让你跑得更轻松、更有效。

跑步时，跑步者的上半身要保持正直或者稍微前倾，头部要自然平视前方，放松面部与颈部的肌肉。

慢跑：两手微握拳，无须握实。自然屈肘。所有动作均是朝前的，不要让手臂围绕整个身体摆动，否则会消耗你很多能量。脚尖自然着地，尽量保持动作放松。臀部始终保持在身体正下方，不可前撅，更不要将身体前倾。总之，慢跑时要尽可能地保持身体放松，减少乏累的感觉，保持呼吸顺畅，这样才能跑得更持久。

加速跑：加速跑时，将腿抬得比之前高一些，手臂摆动的幅度也要比之前大一些。但是，身体仍然需要保持正直和放松。

冲刺跑：冲刺跑需要将你的膝盖和手臂抬得更高一些，这样你跑的速度就会明显提升。

当你下定决心要跑步健身时，一定要做足功课，充分了解跑步的各种方式、注意事项和正确跑步姿势等跑步知识。

随感笔记

一般来说，一个人的意志力较强，那么他／她在学习和生活中就会越懂得坚持。坚持可以促使你获得成功，但有时坚持却未必能换来很好的结果。如何来判断要做的事是否正确和有必要坚持下去呢？要充分考虑以下几方面内容。

- 明确这件事是否违法。
- 明确这件事是否有助于身心健康。
- 明确自己是否有能力做成这件事。
- 明确做这件事是否对自己有益。
- 明确做这件事是否会影响自己做其他更重要的事情。
- 明确做这件事是否会给其他人造成伤害。

酷炫球类运动，提升你的社交力与团队力

通过观察你应该能发现，在一场球类比赛中，同一组队员之间是否能保持良好的沟通、是否注重队友之间的合作，会直接影响本队在场上的表现，也可能决定着最终能否获胜。

积极参与到球类运动中，能让你学会如何进行社交与团队协作。

青少年拥有社交力与团队力的重要性

社交力也叫"社交能力"，是指人的社会交际能力。每个人从出生起，人际交往会始终伴随其成长和发展。

其实，人的社交活动自婴儿时期就已经开始。当看到妈妈走来时，婴儿会手舞足蹈，表现得非常兴奋，这是母子之间的亲情流露；等婴幼儿长大一些，就会有简单的语言交流和肢体交流，可以更清晰地表达自己的需求和情感；慢慢地，婴幼儿可以与更多人进行交流，开始尝试维系一段情

感关系，如友谊。

每个人都是社会大家庭的一分子，只有学会如何与他人沟通思想、联络感情、增进友谊，才能构建广泛的社会联系，才可能获得成功。

身心都处于快速变化阶段的青少年很急于证明自己的独立性，他们很想通过自己的努力建立自己的社交圈，于是开始磕磕绊绊地与朋友、同学、老师及其他社会成员进行交际。

在与他人的交际中，青少年经常会遇到矛盾冲突，而此时他们能否顺利化解这些矛盾冲突就能证明他们是否真的具备了较强的社交力。

培养良好的社交力能让你在以下几方面变得更好。

- 促进身心健康的发展。
- 提高智力。
- 帮助你更好地了解自我、了解他人。
- 帮助你与人相处、合作。
- 帮助你正确看待竞争，学会努力争取、尊重他人。

协作力也叫"团队协作能力"，指在团队中发挥团队精神、互补互助，从而达到团队最大工作效率的能力。

虽然单独作战有很大的自主性与随机性，但团队协作更能提高做事的效率，加大成功的概率。

人生存于世不可能始终脱离于集体，而要想在一个队伍中体现自己的价值，就要懂得协作。

对青少年来说，团队协作意味着团结共进。只要团结起来，一切困难都可以迎刃而解；只要团结起来，再强大的敌人也都能战胜。总之，"团结就是力量"。

团结一心

培养良好的团队力能让你在以下几方面变得更好。

- 让你产生归属感，更积极地参与团队活动。

- 体会集体力量，让一个人难以完成的任务在众人的共同合作下轻松达成，提高效率。

- 体会集体荣誉感。一个人在团队中会更容易被激发出动力，从而主动学习、工作。

- 在团队中，大家能畅所欲言、开动脑筋，提出新颖的创意。

球类运动为何能提高青少年的社交力与团队力

实际上，青少年的社交力和团队力是可以借助很多方法加以提升的。但如果想要通过运动方式来培养，那不妨选择球类运动。

球类运动可以将每个队员的个人目标整合起来，即赢得比赛。

球类运动可以吸引一批有着共同目标的队员，他们有着同样的动机、理念、志向、兴趣、爱好等。这样，他们就能保持相同的目标，可以更好地协作。

球类运动是集体性极强的运动。如果队员没有组织协同的能力，缺乏随机应变的能力，将会拉低整体的素质，从而影响集体的成绩。

球类运动需要队员们共同学习理论知识，集中进行训练，所以会让大家越来越有集体意识。

操场上踢球的少年们

英木是学校初二年级足球队的队长，一个月后，初二年级和初三年级将开展一场足球比赛。一接到通知，初二年级的男同学们就按捺不住，都想参与到比赛中。虽然他们年龄小，但对战胜初三年级赢得比赛抱有很大信心。

　　由于大家都很积极，英木与大家一起商量，优中选优，通过一系列的考核筛选出几名优秀的且大家都很信服的参赛队员。最终，他们在周五放学之前敲定了参赛的人员，还组建了微信群。一有关于活动的消息，英木就会第一时间发布到群里，让每个人对自己的任务和训练目标都非常清楚。队员们还会在群里悄悄商量一些战略，甚至明确了一对一负责防守对手的队员，大家都对比赛跃跃欲试。

　　在接下来的这几周时间里，初二年级的足球队每天放学之后都会抓紧时间训练，这就进一步增进了彼此的了解，为比赛中的默契配合打下了很好的基础。

　　很快，比赛的日子到了，初二年级的足球队队员们早早来到场地，彼此打气，在赛场上有攻有守，配合得非常完美。最终，初二年级以小胜大，赢得了此次比赛。

　　在整个备赛、比赛的过程中，英木和他的团队感受到了前所未有的团体合作和拼搏精神，这种力量不仅让他们取得了足球比赛的胜利，也更让他们记住了这种精神，在日常学习中也互帮互助、一起协作、一起努力变得更好。

随感笔记

　　虽然球类运动利于提升青少年的团队力，但也不能为了增强这种团队力而忽视了其他，从而给自己造成不好的影响。那么，青少年想要通过球类运动来提升团队力，需要考虑哪些因素呢？列举如下。

- 大家的时间是否充足，是否影响各自的学习和生活。

- 地点是否安全，会不会给大家带来伤害。

- 身体情况是否允许参与球类运动。

- 出现突发状况，能否采取应急措施。

益智棋类运动推荐

怡情益智，见识棋类运动的别样风采

与其他常规性的运动不同的是，棋类运动是一种无须活动身体的活动，它是一种纯脑力的运动。

青少年除了要积极参与一些可以强健身躯的如跑步、球类等运动外，还应该参与一些可以怡情益智的棋类运动，如国际象棋、中国象棋、五子棋、围棋、跳棋等。

下棋可以怡情

青少年处于成长的特殊时期，会遇到生理的变化、心理的矛盾、学习的压力、情感的懵懂，等等各种烦恼，很容易出现不稳定的情绪。所以，

选择一种可以调整心理的运动方式极其必要。

现实生活中，每逢寒暑假总有一些学生在完成作业后就开始无所事事。自律一点的学生可能会督促自己到室外运动一下，而懒散的学生则可能整天抱着手机打发时间。长此以往，他们会觉得生活越来越无趣，更找不到自己的价值。

其实，生活中的乐趣有很多，关键在于你愿不愿意去寻找。

如果你觉得今天的身体状态不太适合参与一些耗费体力的运动，那么可以尝试一些脑力运动，如下棋。

总之，要尽可能地运动起来，别让自己慢慢丧失了斗志。棋类运动虽然无须活动你的筋骨，但是会以另一种形式带给你诸多好处，如陶冶你的情操。

下棋可以让你平静、安闲地享受一段美好时光，你能远离矛盾，暂时告别焦躁的情绪，将更多的精力放在与对方的抗争中，彼此波澜不惊，在谈笑之间就能一决高下。

下棋可以怡情

下棋可以益智

我们经常能听到这样的话："善于下棋的人都是聪明人"，这句话是有一定科学依据的。表面上看，下棋像是一种游戏，可以愉悦人的心情，实际上它更能挑战人的思维，可以锻炼人的智力。

一提到能益智，相信就会立马有人瞪大眼睛，要凑过来好好听一听。没错，下棋确实可以益智。下棋是一种有趣的脑力游戏。

虽然棋盘上只有寥寥数子，但其韵味无穷。两方既要开动脑筋，实现两军的对垒，又要开启思维，做好排兵布阵。

因此，青少年要经常下棋，以更好地提高思维能力，开发智力。

 下棋也能带来其他诸多好处

下棋除了可以怡情益智，还有很多其他的好处。清楚了这些好处可以让你更迫切且坚定地参与到棋类运动中。

- 下棋可以增强耐力。

- 下棋可以培养专注力。

- 下棋可以锻炼记忆力。

- 下棋可以促进你形成良好的个性。

- 下棋可以让你遵规守纪、懂礼貌。

- 下棋可以让你懂得很多历史文化知识、懂得为人处世的一些道理。

传承中国文化，学习中国象棋

象棋是源于中国的一种棋，是一种两人对抗性的游戏。中国象棋是中国棋文化，也是中华民族的文化瑰宝。

中国象棋极具趣味性，而且其规则简明易懂。

中国象棋主要有两个部分：棋盘和棋子。棋盘是方形的，其中紧密且有序地布满了小方格形状；棋子有 16 个红子、16 个黑子。

整个棋盘是由楚河汉界分隔开来的，一半用于摆红色棋子，另一半用于摆黑色棋子。

棋子的具体摆法如下。

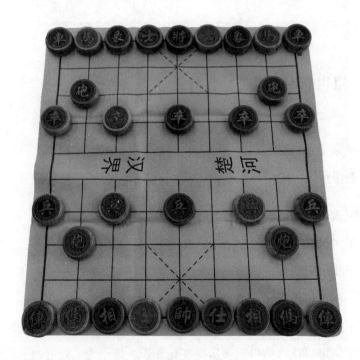

中国象棋棋子摆法

下棋时，必须始终遵循一定的走法。如果你是一个初学者，那必须熟练记忆这些规则，了解棋子的基本走法。

车：走一切没有障碍的直线。

马：走"日"，即棋盘上带有"日"字的点，包括楚河汉界的分界线。如果马的正前方有棋子，那就不可以走"日"，俗称"绊马蹄"。

炮：打隔山子。炮可以任意走直线，但要想用炮吃对方的棋子，那必须保证中间隔着一个棋子。

象（相）：走"田"，走田字格的对顶点，但其交叉点有棋子就不能走，不可以越过楚河汉界。

仕（士）：在中央带斜线的田字格内走，走斜线，一次只能走一步。

将（帅）：在中央带斜线的田字格内走，走直线，一次只能走一步。

兵（卒）：过河前只能向前走，过河后可以左右走，一次只能走一步，只可前进不可后退。

开局规则是红先黑后。谁能先杀死对方的"将"或"帅"谁就获胜。

君君从小受爸爸的影响，很爱下象棋。

自从君君认识了棋盘、会摆放棋子，也知道了象棋的基本走法之后，他就总拉着爸爸陪自己下棋。君君觉得自己既然已经很熟悉象棋了，就一定能赢爸爸。可是，每次都以失败告终。殊不知，君君掌握的只是象棋的基本知识，真正的技艺是需要在反复的较量中提升的。

后来，爸爸看到君君对象棋的兴趣不减，还整天吵着陪自己下棋，于是教会了君君许多小技巧，并鼓励君君多思考、多练习。没过多久，君君的棋艺就有了很大的进步，甚至也能赢爸爸几次。

可见，只掌握中国象棋的基本知识就想赢棋是远远不够的，必须在此基础上，反复实战，不断摸索，才能琢磨出一些技巧。

网上下棋，提升技艺

随着科技的发展，棋类运动正在以另一种独特的形式出现在人们的视野中，即在智能手机或电脑上与陌生人下棋。也就是说，只要你面前有一台电脑或智能手机，你就能随时来一场在虚幻世界中的棋艺较量。你不知道对手的年龄、性别、身份、外貌，也不用与对方有太多的语言交流，有的只是两人当下的对弈。你的棋艺可以在与不同层次的对手的抗衡中得到快速提升。

网上下棋能给青少年的棋类运动提供诸多便利，增加他们学习技艺的途径，也能开阔视野。

但是，青少年必须始终保持清醒的头脑，谨防上当受骗；要有节制，合理分配时间，不可沉溺于网络游戏。

 ## 随感笔记

下棋是需要高度集中注意力，需要在安静环境下开展的一项运动。而青少年往往又比较好动，所以在下棋之前一定让自己静下来，在下棋过程中也要尽可能保持安静，以便更好地投入棋艺的较量中。那么，青少年怎样做才能让自己集中注意力下棋呢？列举如下。

- 事先做好下棋准备，如喝水、上厕所等。
- 提前进入棋室，入座，摆好棋子。
- 在心里回顾一下上次下棋时对手赢棋的技法。
- 下棋过程中不因为赢子或输子而大喊大叫。

第七章

学会探索，而不是冒险

在成长的道路上，有太多太多的新鲜事物在吸引着你，这些事物或刺激或有趣或陌生……你会想要尝试着去接触、探秘你从未接触过的事物，在这个过程中，可能会收获惊喜与欢乐，也可能会遇到困难和荆棘。

　　有探索精神是好的，但是，你要明确探索与冒险的区别，勇于探索可以帮助你成就更好的自己，但冒险却是危险的。请记住，永远不要将自己置于危险当中。

正视冒险"这件小事"

"冒险"这个词，听上去十分勇敢与刺激，青少年正处在一个对各种事物都好奇的年纪，你一定也时常天马行空地幻想着自己可以参加各种冒险活动，比如一个人走夜路、跑酷、去森林探险，等等。但是，凡是冒险行为就会存在一定的危险性，所以，请你一定要正视冒险"这件小事"，要为自己的安全和成长负责。

什么是冒险

青少年"初生牛犊不怕虎"，凡事敢于"尝鲜"，但对危险行为的认知往往不足，而且也还没有足够的能力去承担和抵御未知的危险行为所带来的后果。所以，充分地了解什么是冒险，可以帮助你规避风险，快乐成长。

那么，究竟什么是冒险呢？对于这个问题，相信不同的人会有不同的答案。

冒险家可能会说：徒步穿越亚马孙雨林是冒险，攀登喜马拉雅山是冒险，去南极探险是冒险。

创业者可能会说：一次性投入全部的家当是冒险。

打工人可能会说：不管不顾地"裸辞"是一种冒险。

从未离开过父母的孩子可能会说：独自一个人出门远行是冒险。

而作为青少年的你可能会说：去深山远足是冒险；爬树和翻墙是冒险；独自做化学实验是冒险。

"冒险"，其实就是冒着危险去做某件事，但凡冒险之事，就一定具有危险性，不可贸然去尝试。

冒险家登山

通常来说，当你做一些自己没有把握的事情的时候，或者抱有侥幸心理做某些事情的时候，这样的尝试行为就属于冒险行为。所以，你在想做这类事情之前，一定要三思而后行，要时刻把自己的身体安全和心理健康放在第一位，不要"明知山有虎，偏向虎山行"。

正在上初二的小新是一个探险迷。从小学开始，他就沉迷于阅读各种冒险家的冒险故事。

小新向往一切亲近自然的冒险行为，他向往亚马孙雨林里的未知旅途，在那里可以和各种野生动物近距离接触，可以探索和大都市截然不同的世界；他向往非洲的大草原，在那里可以欣赏美丽的落日与黄昏，可以看狮群追逐猎物的矫健身影；他向往南极那一片冰原，在那里可以看到成群的帝企鹅，那是他最喜欢的动物；他向往深海里静谧的海底世界，在那里可以与鱼虾为伴，可以看到美丽而罕见的海底生物；他向往西藏广袤的无人区，他认为在那里，才可以真正地感受到大自然的力量。

每当小新在书上或者电视节目里看到户外探险家的冒险故事时，他都有一种想立刻出发去体验一回的冲动。这样的冲动很快就付诸实施了。

这一年的暑假，小新迎来了他自己认为的一个很好的冒险出行机会，他再也按捺不住想去冒险的心，踏上了他自认为非常酷的冒险之旅。

小新的父母都工作比较忙，平时对他的关心和关注都不够，这次正值暑假，父母要出差半个月谈生意，就把他送到爷爷家生活，还给了他一笔数额不菲的生活费。

早就做好冒险计划的小新，对爷爷撒谎要去同学家住几天，这样可以和同学一起写作业。听到他这样说，爷爷和奶奶自然不会阻拦，还高兴得不得了——他们的孙子终于知道学习了。

从爷爷家"逃离"之后，小新就去找同样热爱冒险旅行的好朋友——正在上高中的小米，二人拿着家里给的钱，租好了设备，带好了食物和水，开始了两人憧憬已久的长江漂流之旅（两人都住在长江沿岸的同一个

城市）。

一开始，天公作美，第一天的行程很顺利；第二天，遇上下雨天气，天上下着大雨，刮着大风，狂风伴着骤雨，乌云遮日，江面的大浪不断拍打着他们的小船，这给他们的旅程带来了极大的挑战和困难，给他们的心理也带来了很大的冲击。此时的他们也慌了阵脚，两人赶忙打了110报警电话求救。

万幸，搜救人员很快找到了小新和小米，被找到时，两人早已浑身湿透，正躲在小船中央瑟瑟发抖……

也许，你能在小新的身上看到自己的影子。对于冒险的向往和憧憬，可能会促使你做一些危险的事情，毕竟人在少年的时候，谁不是充满了好奇呢？但是，做事要量力而行，尤其是在青少年时期，很多人经常会头脑一热，做一些不计后果的事情，令自己和亲人受到伤害后又后悔不已，所以，请务必记住，不顾后果的冒险是不可取的行为。

要探索，不要冒险

与冒险不同，在你成长的旅途中，探索是值得鼓励的。

你可以去天文馆，探索宇宙的奥秘；可以去历史博物馆，探索人类文明的发展历程；可以去海洋馆，探索海底世界的精彩；也可以去野生动物园，探索野生动物的习性；还可以去图书馆，探索千千万万本书中所描绘的"黄金屋和颜如玉"，这些都比不计后果的冒险来得更切实际一点。

在书中探索求知的少年

在你成长的道路上，除了朋友、同学和老师，家人是你最值得信赖的人，父母也是一直支持你的坚强的后盾。或许，你觉得上述探索都太过于平淡，太过于容易，那么，无论你有什么冒险的想法都要第一时间跟家长沟通，父母会在他们能力范围内尽可能地帮助你实现你的想法。

无论何时，都不要自己去冒险。

你应该知道，探索这个世界和人类的文明与美好，不是只能通过惊心动魄的冒险才能实现。

与父母去郊区野外远足露营，也能领略自然的神秘和美妙的风景；与老师去森林里采风，观察花花草草、植被树木也能感受生命的神奇；与同学去博物馆看一场展览、看一部纪录片，也能了解到科学和人类的伟大……

总之，在这个勇敢天真的年纪，你需要的是激发探索的好奇心和求知欲，而不是冲动地进行一些具有危险性的、不计后果的冒险行为。

在森林里感受自然、探索自然的老师和同学

随感笔记

　　探索和冒险是两种截然不同的概念和行为，明确地区分二者的区别，才能帮助你进行正确的探索，避免冲动的冒险。下面这些活动都属于冒险，而不是探索。

- 没有大人陪伴，独自去雨林、大海、高山等危险地带。

- 未成年人独自驾驶汽车、摩托车等机动车。

- 独自或与同学朋友结伴到水潭、水库或者湖泊等水
  域游泳。

- 其他自己不确定的冒险行为。

常见冒险行为

·············

随着网络技术的日益发达，社会信息变得越来越丰富，你一定也经常会看到某个风华正茂的少年因为某些冒险行为而断送了自己的未来。其实冒险行为也分为很多种，充分地了解这些冒险行为，可以帮助你规范自己的行为，更乐观向上地积极成长。

什么是冒险行为

冒险行为是指参与那些可能产生不利结果的行为。

对青少年的冒险行为，国内外的不同学者有着不同的界定。

耶鲁大学心理学教授艾伦·凯斯丁认为：对青少年心理、健康以及社会有害的活动，就叫作青少年冒险行为。

我国学者季成叶认为：青少年偏离个人、家庭、学校或社会的期望而做出的一类行为，就是青少年冒险行为，这种行为对青少年个人、他人、

家庭甚至整个社会都有直接或者间接的危害。

我国学者徐吉春认为：青少年在其个人的意志下从事的对其健康有不确定负面影响的行为，就是青少年的冒险行为。

虽然中外学者对青少年冒险行为界定的描述有一定的差异，但是其中有一个共同点，那就是青少年的冒险行为会对其个人的身心健康以及发展产生消极有害的影响。

青少年为什么会有冒险行为

青少年的冒险行为有很多影响因素，充分地了解这些成因，可以帮助你远离冒险行为，成为身心健康的新时代青少年。

★ 学校联结对青少年冒险行为有重要影响

学生在学校这个大环境中感到被别人接受、尊重、包容和支持的程度，就叫作学校联结。

学生在学校里面参与的活动、与同学老师之间的情感、对于学校的依恋等都对他们的冒险行为有重要影响。

学校联结程度越高，青少年的积极情绪以及在学校的幸福感就越高；学校联结程度越低，青少年就越容易产生危险驾驶、逃课、作弊、饮酒、暴力等冒险行为。

在学校与老师同学建立良好的情感联结可以帮助你获得信任感和归属感。

通常来说，那些与老师和同学以及学校工作人员有着良好人际关系的学生，一般不会参与冒险行为，因为他们不想让学校里他们信任的人感到失望和伤心。

除了信任感，归属感也是人类的一个基本需求，如果青少年不能在老师、同学、父母或者周围的人那里获得足够的归属感，那么他们就可能去与参与冒险行为的同龄人建立密切的友好关系以获得归属感，最后养成一些陋习和不良行为。

所以，作为青少年的你，平时在学校里面要多与老师和同学沟通交流，建立良好健康的人际关系与情感，慢慢地在学校里面找到信任感与归属感，这样才能帮助你有效地规避冒险行为。

除此之外，在学校积极地参加各项活动也可以帮助你远离冒险行为，比如体育运动、游学活动、学习社团、培训项目、学术比赛等。在参与这些活动的过程中，你可以获得成就感和自我价值感。

社团交流讨论

185

研究表明，很多参与冒险行为的青少年都是为了在冒险行为中获得"成就感"，并实现自己的"价值"。

此外，在参与学校的这些活动的同时，你还可以结识新的朋友，建立良好的人际关系，从而获得更多的信任感和归属感。

★ 亲子关系对青少年冒险行为有重要影响

家庭作为青少年成长过程中重要的因素，对青少年有着巨大的影响。

良好的亲子关系对青少年的身心健康、性格以及未来发展都有着积极的作用，不良的亲子关系和不融洽的家庭环境则会对青少年产生消极的影响，其是导致青少年产生冒险行为的重要因素。

进入青春期之后，青少年的独立性和自主性逐渐发展，对自我与性格独立的渴望也日益变得强烈。

在日常生活中，如果父母给予孩子足够的支持和信任，对孩子足够尊重，并且能够让孩子自己做决定，那么孩子和父母之间的冲突就会很少，其参与冒险行为的概率也会小很多。

如果父母的控制欲极强，习惯于安排孩子的生活，那么，孩子可能就会以一些对抗性的行为甚至极端行为（比如吸烟、拒绝做作业、逃课等）来对抗父母的管束，宣泄自己不满的情绪。

丽丽是一名初三学生，马上就要面临中考了，尽管她学习成绩不错，但升学的压力很大。

丽丽的妈妈是典型的女强人，无论是对工作还是对孩子的教育，都十分有自己的想法，而且她决定的事情就不允许被改变。

初三开学之前的这个暑假，妈妈把丽丽的每一天都安排得满满的，奥数班、英语班、特长班，丽丽每天在各种辅导班中忙得不可开交，每次稍稍抱怨，妈妈就会长篇大论，最后以一句"都是为了你好"来结束对话，丽丽感到无助和失望。

终于有一天，每天处于高压下的丽丽再也承受不了了，她破天荒地逃了课，和朋友去游戏厅放松自已。一连几天，丽丽早早地出门，妈妈以为她和往常一样去上课，可是实际上，丽丽每天都和朋友出去玩，每天去的地方都不一样，这让她感到轻松与自由。

几天之后，培训班的老师打来电话"告状"，说丽丽已经好几天不去上课了。知道真相的妈妈大发雷霆，而丽丽也和妈妈大吵了一架。从那之后，以前成绩优异的乖乖女变成了天天逃课的问题少女，整天和校外的朋友在一起去唱歌、去打卡网红游玩地、去租赁电动车兜风，甚至还喝酒、欺负同学，在她看来，这些都是对抗母亲、宣告独立的方式。最后，丽丽没有考上高中，妈妈也后悔不已。

试想一下，你或你身边的同学有没有想摆脱父母的管束和制约的想法？对于自己的事情，是否也想自己做主？在家中，是否也想拥有和父母平等的权利？父母强迫你做不喜欢的事情时，你是否也想反抗？这些都是你在成长过程中产生的正常心理。如果你的父母也是控制欲比较强的父母，那么，请不要用极端或者冒险行为来反抗他们。

请记住，沟通交流是解决矛盾最好的方式，坦诚勇敢地跟他们说出自己的想法，父母也一定会尊重理解你的想法，从而改善他们的不妥之处，建立良好的亲子关系。

常见的冒险行为都有哪些

国外的一些研究机构将青少年冒险行为大体分为两类——社会许可冒险行为以及社会不良问题行为。

社会许可冒险行为是指那些被社会广泛接受并许可的冒险行为，包括游泳、骑车、滑雪、登山、蹦极等。

社会不良问题行为则是指那些对身心健康有害，或者社会不接受、不认可的攻击他人以及社会的冒险行为，包括吸烟、酗酒、吸毒、不安全的性行为、偷窃、抢劫、欺凌等。

国内则将青少年冒险行为分为以下七大类。

- 非故意伤害行为，如骑自行车违规、过斑马线违规。

- 故意伤害行为，如携带武器、斗殴、霸凌、故意殴打伤害他人等。

- 物质成瘾行为，如对某种东西喜欢成瘾，违规违法获取等行为。

- 上网成瘾行为。

- 不健康性行为。

- 盲目减肥行为。

- 缺乏体育锻炼行为。

高中生小杰从小就是个"小胖子"，现在刚上高一的他，身高172厘米，体重有180斤。

从小到大，小杰听到了不少嘲笑，身边要好的朋友很少，同学们在一起踢足球、打篮球从来不会叫上小杰。小杰常常感到孤独和自卑，成功减肥是他最大的心愿。

但是他无论怎么运动、控制饮食，都无法成功减轻体重，特别是上了高中之后，课业紧张，运动的时间大大减少，减肥就更难了，为了减肥，小杰想到了一个"好方法"：节食。小杰是住宿生，每天背着其他人只吃一顿饭，饿的时候就喝水充饥。

一个月以后，正在上课的小杰突然晕倒在课堂上，被老师和同学送到医院之后，医生告诉父母，小杰是因为严重的营养不良和贫血造成的突然晕厥。入院治疗几天之后，小杰的身体状况有所好转，却没有想吃东西的欲望，就连对从前最喜欢的汉堡都没了食欲。检查过后，小杰被确诊为厌食症。治疗厌食症的这段时间，小杰只能依靠输营养液来维持基本的身体营养需求，因为太长时间没有足够的食物进入胃里，消化系统也产生了一些问题。

现实生活中，小杰减肥的方式有不少青少年正在尝试，如果你也是其中的一员，就尽早停止这种冒险行为吧！健康快乐才是生命中最重要的事情，不要等到身体出现问题时才追悔莫及。

随感笔记

在成长的道路上，也许你总会遇到一些消极的因素从而激发你想要进行冒险行为的欲望，但是，请记住冒险行为并不可取。

无论是什么原因，都要积极解决，将进行冒险行为的欲望扼杀在摇篮里，这样才能成就美好的未来。

- 多参加有益于身心健康的校园活动，如体育运动、读书社团活动、文艺演出等。

- 多与品行端正的朋友交往。

- 如果认为父母做得不对，要直接与父母沟通，想办法解决问题，而不要为了反抗父母，做出出格的事情。

认清自己，挑战有度，慎重选择极限运动

极限运动常常跟刺激、挑战、超越等词联系在一起，这对很多青少年来说，无疑是极具吸引力的运动。在极限运动中，青少年可以开拓创意、实现自我、发现快乐……但是，极限运动本身就带有一定的危险性，所以你在参与极限运动的时候，一定要认清自己的运动能力与运动条件，适度挑战，慎重选择。

什么是极限运动

你平时听到的滑雪、攀岩、潜水、蹦极等都属于极限运动。极限运动就是人类在融入自然的过程中，借助现代的高科技手段，最大限度地激发自我潜能，不断超越自我的运动。

极限运动有很多好处，通常来说，极限运动可以锻炼人的自身力量、速度、耐力、柔韧性和灵敏度，在参加极限运动的过程中，人体的各种器

官和生命系统可以得到最大程度的锻炼，全身的细胞会被充分地激活，生理功能也会得到进一步的完善。

极限运动还能锻炼人的意志，帮助人们保持心理健康。极限运动员在参加极限运动时时常遇到各种特殊情况，在这种情况下，他们也需要冷静地处理问题。所以，经常参加极限运动的人，通常不会有太多的紧张、焦虑以及抑郁的情绪。

除此之外，极限运动还能增加人们对社会的适应能力。极限运动强调的是参与感和勇敢拼搏的精神，可以帮助人们超越自我、突破自我，从而帮助人们在快节奏、强压力的社会中更好地生存和生活。

极限运动都有哪些

极限运动有很多种类，充分地了解这些运动类型，可以帮助你在选择极限运动的时候量力而行。

★ 高地极限运动项目

冬季或夏季去雪场滑雪是非常令人心情畅快的运动体验，很多青少年酷爱滑雪，而且滑雪技术还不错。

一些青少年在挑战了雪场滑雪后就想尝试更高难度的越野滑雪、高山滑雪，但这些竞技滑雪项目并不是谁都可以随便尝试的。

自然的雪域环境中，雪的厚度，雪下地面、植物等情况都很难掌握，再加上滑雪技术、山体坡度等问题，稍有不慎，很容易发生危险。

越野滑雪运动

　　溪降是比较危险的一种极限运动，需要从悬崖处沿着瀑布下降。悬崖上的石头长年被瀑布冲刷，通常会长满青苔，变得很滑，除此之外，溪水对运动者也会有很大的冲击力，通常会影响人的判断力，所以参与溪降对运动者体力、意志力以及判断力都有很大的挑战。

　　高山速降是另外一种极具挑战性的极限运动。运动者需要骑着自行车，从山顶斜坡飞驰而下，危险系数很高，如果你不是专业的运动员，建议不要轻易尝试。

　　攀岩是一项可以锻炼人综合体能与心理素质的极限运动。通常来说，室内攀岩难度系数不会很高，还有保护措施，是一项很不错的运动选择。而户外攀岩一般都在比较陡峭的悬崖峭壁上进行，需要借助专业的装备，比较危险。

攀冰和攀岩相似，是近几年来比较流行的一种极限运动。目前，攀冰的主要类型为自然冰，分为冰瀑和冰挂两种，运动者需要借助装备、器械从冰川的最底端攀登到最顶端，由于冰川较滑，温度较低，这项运动对运动者的体力和耐力都是极大的考验。

　　如果你没有经过专业的训练，没有专业、有资格的教练陪同，千万不要轻易去自然环境中尝试开展这些运动。

攀冰运动

★ 水上极限运动项目

花样滑水是一种滑水竞赛项目，参与者多为专业运动员。竞技花样滑水的比赛场地有 175 米长，两端各有一个 15 米的准备区，比赛时运动员有两个滑程，运动员需要做出前进、后退、水面转体及跳跃、空中转体及跳跃等高难度动作。即使是专业运动员在做这些动作时也可能发生危险，青少年不要轻易尝试这种高难度的动作。

潜水也是水上项目的一种，并且受到很多年轻人的喜爱。潜入静谧的水底世界，与各种海底动物擦身而过，亲密互动，欣赏远离喧嚣、摇曳变换的海底景色，想想就很美好。

但是，潜水也具有一定的危险性，尤其是无氧潜水，无氧潜水者通常不带氧气瓶，深吸一口气，潜入深海，与岸上长时间失去联系，非常危险。如果你想要尝试潜水，一定要有专业的潜水教练陪在身边才可以。

★ 空中极限运动项目

说起空中极限运动，你可能最先想到的就是蹦极，从几十甚至几百米的蹦极台一跃而下，对运动者的心理承受能力也是很大的挑战。

滑翔伞是另一种空中极限运动，也是深受青少年喜爱的一项运动。滑翔伞运动具有一定的观赏性，更可以体验飞行的感觉，在飞行的过程中还可以进行空中摄影。但同样，一定要在有资质的专业人士带领下才能开展此项运动。

滑翔伞运动

★ 陆上极限运动项目

陆上极限运动的代表项目是自行车极限越野，运动者骑自行车在崎岖不平的山地、高山、沙漠或悬崖等地进行越野，可以锻炼运动者的平衡力、耐力和身体协调力，通常具有一定的挑战性。

自行车极限越野也是深受年轻人喜欢的一项极限运动，同样提醒你的是，未经专业训练，不要轻易尝试。

 参与极限运动，要量力而行

虽然极限运动对青少年的身心健康有一定的积极作用，但凡是极限运动，都有一定的危险性，所以你在尝试极限运动的时候要量力而行，结合自己的能力来慎重选择运动项目，这样的挑战和突破才是有价值的。突破自我不是飞蛾扑火，积极挑战也不是非极限运动不可。

高中生赵林是一位极限运动爱好者，他经常跟同学一起去尝试各种极限运动，滑雪、自行车越野、漂流等陆地和水上运动他都尝试过，唯独没有尝试过空中极限运动。心里发痒的赵林在周末找来了运动伙伴，约着一起去挑战一次高空蹦极。

去之前还自信满满的赵林，站到蹦极台上的那一刻，就开始心里发慌，腿脚发软。原来赵林有恐高症，而他自己却不知道这一点。挑战失败的赵林被朋友和工作人员送回到了地面，久久都不能恢复，休息了好长时间才能正常行走。

这次的经历对赵林来说是一个不小的打击，因为自己的恐高症，好多自己从前想要尝试的运动都不能去尝试了，自己的自信也受到了打击，从前那个个性张扬、信心十足、阳光朝气的小伙子不见了。之后经过很长时间的调整，赵林才能正视自己的恐高，也重新回归除高空极限运动外的自己钟爱的其他极限运动项目中。

所以，无论你对极限运动有着多么强烈的热爱，在选择挑战运动项目之前，一定要充分了解自己的身体情况与能力，选择自己能够驾驭的运动，这样才能帮助你更好地建立自信，迎接挑战。

遇事要沟通，不出走、不逃避

青少年正值叛逆期，渴望独立，处于个体身心发展的关键时期，所以，在家庭生活中，良好的亲子沟通是十分重要的。

作为独立的个体，你和父母都有自己的想法，对待事情的态度可能也会不尽相同，这难免就会导致家庭冲突的发生。

遇到矛盾和冲突拒不沟通、逃避面对，甚至离家出走是非常不可取的行为。遇到事情，积极沟通、商量解决，才能妥善解决问题，避免更多矛盾的发生。

积极与父母沟通可以帮助你的家庭维持良好的亲子关系。沟通可以表达家庭成员之间的亲密情感，可以更好地处理家庭矛盾。积极的亲子沟通是家庭功能中非常重要的一个维度，也是家庭成员间解决问题的重要途径，积极的沟通对维护亲子关系十分重要。

青少年应该如何与父母建立良好沟通

与父母建立良好的亲子沟通需要一定的方法，在平时的生活中要有意识地培养与人沟通的习惯是非常重要的。

有调查显示，很多抑郁或焦虑的青少年的性格大都偏于内向，并且不擅长与人沟通。

在我国，12 到 18 岁的青少年最主要的烦恼是学业，除此之外，最多的烦恼来自人际关系，其中最显著的就是与父母之间的不良沟通。大部分青少年都表示自己不想与父母沟通，因为他们都有着相同的心理定式："跟他们说了就是找挨骂！""就算说了，他们也不会同意我的想法"，这就是很多家庭中亲子沟通困难的主要原因，同时这也抑制了孩子想要和父母沟通的意愿和意识。

良好的亲子关系是父母和孩子双方沟通、谅解和相互体贴的结果，这也是亲子沟通能力的体现。想要与父母建立良好的沟通，在平时的生活中，你要有意识地建立与他们沟通交流的意识，不要害怕与父母交流，"跟他们说了就会挨骂""说了他们也不会听""他们从来不会听我说"这样先入为主的想法，是万万要不得的。

其实，你想要和父母沟通，不一定非要求他们花费大量的时间来陪你，如果父母比较忙的话，在工作和生活的间隙也可以很好地与他们进行交流。

比如吃晚饭的时候，你可以主动与父母讲一下学校里面发生的趣事，主动给父母介绍一下自己在学校里的好朋友；也可以在晚饭过后，和父母一起看一个电影、一档电视节目，在观看的过程中积极与他们讨论剧情，交流想法。

再如，在周末的时候，和父母一起去参加一些亲子活动，或者一家人到郊外野餐，在这些过程中，你都可以借助活动的细节，来积极主动地与父母交流。

总之，你要做的是对父母敞开心扉，主动培养与他们交流的习惯，可以把父母当作朋友，难过时向他们倾诉，开心时与他们分享，遇到困难时向他们求助，相互有矛盾时积极沟通解决，这才是积极健康的亲子关系。你和父母的共同努力，才能创造和谐的家庭环境，建立良好的亲子沟通关系。

下面是可以帮助你与父母建立良好沟通的两种方法，如果你不知道该如何与父母沟通，这两种方法或许可以帮到你。

★ 理解父母的爱

从你出生到将你养大成人，父母的养育之恩，是你无论如何都不能否认和质疑的。

从一个呱呱坠地的婴儿，到一个成年人，在你成长的过程中，父母付出了太多情感、心血与精力。可能有时父母的教育方式你无法接受，这时你可以尝试换位思考，想想父母这样做的原因是什么，他们对你的严格与斥责背后，藏着的都是他们的良苦用心：望子成龙，望女成凤。

在抱怨父母之前，不妨想一想他们为什么要这么做，他们的初心是什么？你反抗的初心又是什么？

如果你觉得父母不愿意表达爱，那么你可以告诉他们你需要他们的爱的表达；如果你觉得父母的爱用错了方式，请告诉他们你希望他们如何做，而不要一味地表达反抗、拒绝沟通。

★ 与父母坦诚沟通

父母在指责你时，可能是他们在生活或者工作上遇到了一些困难或者烦心事，而将火气发在了你的身上，这就是踢猫效应——人的情绪会受到环境以及一些偶然因素的影响，当一个人的情绪变坏时，潜意识会驱使他选择下属或无法还击的弱者发泄。而家中的弱者一般是孩子或者老人，所以当父母心情不好时，可能就会下意识地向你发泄心中的不满。

当然，父母这样做是不对的，但是每个人都有不如意的时候，这时你首先要理解父母，事后再坦诚地与他们沟通。

你可以这样说：我知道您很难受，但是，今天您这样批评我，我也很不好受。我知道您是爱我的，也是为我好，但这种做法让我感到很不舒服和难过，我不希望您这样对我。

幸福的亲子时光

遇事出走不可取，积极沟通才有效

相信你也经常会在电视或者网上看到青少年离家出走的新闻，有一些出走的孩子被警察或家人平安找到，没有大碍；而还有一些孩子则因为遇到各种各样的事情，而造成悲剧，再也无法回到家人身边。

小刚的爸爸在城区开了一家高档的餐厅，但是因为经营不善，他们家的餐厅亏了很多钱，已经濒临倒闭。因为压力很大，加上心情郁闷，爸爸经常借酒消愁，有时还会将气撒在小刚身上。

一天下班回家，爸爸发现上网课的小刚在偷偷玩手机游戏，顿时十分怒火，大发雷霆，直接把手机抢过来摔在了地上，还大声喊道："给我滚，永远都别回来了。"

十分委屈的小刚穿上衣服就从家里跑了出来，兜里只有一张公交卡，一分钱都没有。爸爸以为小刚只是耍小脾气，一会就回来了，没想到，都快半夜了儿子还没回来，也无法联系上他，于是就报了警。

经过两天的搜寻，警察在一个废弃的工厂里找到了小刚，那是他已经不省人事了，送到医院以后，医生说小刚高烧、缺水情况严重，爸爸后悔莫及。

一个多星期后，小刚出院了，身体已经没有什么大问题了。回到家之后，父子俩进行了一次开诚布公的交谈，爸爸才知道原来一直以来他的坏脾气让小刚受到深深的伤害，甚至已经有了轻度的抑郁倾向，小刚不敢跟他说，也不敢反抗，所以才造成了之后的局面。

从那次沟通之后，爸爸对小刚的态度发生了很大的转变，遇到事情也会及时和他沟通商量，一年后，小刚的轻度抑郁痊愈了，父子俩之间的关系变得十分融洽，相处得像朋友一样。

所以，遇到事情千万不要冲动出走，与父母心平气和地沟通才是最有效的解决方式。

积极与父母沟通

 随感笔记

父母始终都是与你最亲近的人，在他们的心里，他们做的一切都是为了自己的孩子，虽然有时可能方式不对，但是他们爱你的心却是满满的。如果你实在不知道如何与父母交流，或者害怕与父母沟通，下面这些方法，对你或许适用。

- 不敢当面说的话，可以录成视频，发给父母。
- 可以让第三人替你转达你的想法。
- 和父母沟通交流的时候要注意态度和方式。

第八章

对不良行为说"不"

青少年意气风发，急于独立，却也因为知识阅历有限，心智没有完全成熟，对一些人、事、物和环境的看法容易有失客观，也容易受周围人、事、物和环境的影响。

　　青少年是最善于尝试的一群人，也是最容易形成不良行为的一群人，并常常发生了不良行为而不自知。

　　为了身心健康，要学会对不良行为说"不"，只有这样，才能树立正确的人生观和价值观，创造更加光明美好的未来。

逃学厌学不可取

逃学和厌学是青少年两种最常见的心理和不良行为，也是两种不同的状态，但是厌学和逃学却有着密切的联系，学生在极度厌学心理的影响下，可能就会出现逃学的行为。

想要克服逃学厌学，首先要了解其成因。

如果某一段时间内，你也有厌学的情绪和想要逃学的心理，那么你可以就下面这些问题对号入座，找到自己想要逃学的原因，才能找到克服厌学的正确方法。

你是否也存在这样的问题

★ 沉迷于网络游戏，成绩下降

互联网时代，网络是一把双刃剑，网络为人们的生活、工作、学习提供了诸多便利，但也让很多人深陷互联网而无法自拔，进而影响了正常的

生活、工作、学习。

如果你是一名意志不坚、容易被影响的青少年，那么，用来放松娱乐的网络游戏就很可能成为你学习和成长道路上的"拦路虎"。

回忆一下，你是否也有这样的习惯：放学回家之后先拿起手机，打上几把热爱的游戏，想着就玩一会儿，可是不知不觉就过去了很长时间，此时再来写作业，动辄就要写到深夜，睡觉太晚，导致第二天上课没有精神，连连瞌睡。

长此以往，学习成绩就会不断下降，此时你可能就会开始厌烦学习，并且会找各种各样的借口逃学去打游戏，形成一个恶性循环。

★ 上课听不懂，成绩不理想

每个人都有自己擅长和不擅长的事情，学习也是如此，有的人擅长英语，却对数学一窍不通；有的人擅长数理化，语文却怎么都学不好。

有不擅长的科目，是一件再正常不过的事情，而对于不擅长的科目，上课听不懂，学业成绩不理想，在学习上长期没有"好的收获与回报"，是很多青少年厌学的重要原因。

★ 人际关系不好，不愿去上学

在学校里，学生接触最多的人就是老师和同学，可以说他们是朝夕相伴的人，对学生的情绪、自信心、学习态度以及价值观都有很重要的影响。良好的校园人际关系能够帮助青少年积极乐观地面对困难，认真地对待学习。

相反，如果某一个青少年的人际关系不好，无法很好地处理与老师和同学之间的关系，在学校没有要好的朋友，那么会导致一些青少年抗拒去学校,即使他们到了学校也不开心,学习没有积极性,这种抗拒和不开心慢慢就会发展成厌学情绪,最后选择逃学。

★ 缺乏自信

缺乏自信是让很多青少年产生厌学心理或者逃学行为的一个重要原因。

你是否也面临着学业的压力、父母的期望、老师的敦促、同学之间的攀比和竞争等问题呢?

面对这样的问题,你是否有足够的信心去应对?如果没有足够的自信,你就很难在这样多重的压力下保持自我以及对学习的积极性,久而久之,消极的学习态度就会转变为厌学心理,厌学心理就会导致你产生逃学的行为。

你该如何解决这些问题

★ 远离网络游戏,回归现实生活

适当地玩网络游戏可以放松,但是沉迷网络游戏不可取。

如果你是一名沉迷于网络和电脑游戏的青少年,如果你也因沉迷游戏导致成绩下降进而厌倦学习,那么是时候放下手机和电脑,走进现实生活了。

你可以多与同学一起参加一些感兴趣的社团活动,可以让爸爸妈妈多带你去公园或者动物园散散步、看看动物,也可以参加一些体育运动,将

自己的注意力从游戏转移到有意义的事情上来。一段时间以后，你就会从沉迷游戏的状态中抽身出来。

★ 课上听不懂，课后问老师

如果你对某个或者某几个科目学得比较吃力，上课听不懂，课后作业也做不好，那么千万不要自暴自弃，任由自己听不懂，否则会慢慢地产生厌学的心理。

对于听不懂或者不明白的地方，课后要及时请教老师或者同学，把不会的地方慢慢学会，跟上老师的教学进度，这样你才不会厌倦学习。

享受课堂的青少年

★ 交流是改善人际关系的法宝

如果你的校园人际关系是导致你产生厌学心理的主要原因，那么，你可以先从自身找一下原因，反省一下自己是否过于内向、计较、偏执或者不懂得正确交流的方式，然后再有意识地改善这些问题。

如果你自身没有这些问题，那么你可以有目的地学习一下人际交往的方式方法，试着敞开心扉地与同学交往。

请记住，真诚是人与人之间交往的最重要的品质。真诚用心地交流，才能慢慢地改善与同学之间的关系。

正在积极交流的青少年

★ 提高自信，摒弃厌学心理

如果你是因为缺乏自信而产生了厌学心理，那么提高自信就是你亟待培养的能力。

下面这些方法，可以有效地帮助你提高自信心，远离逃学厌学的心理和情绪。

看书

看书可以帮你提高自信心。"书中自有黄金屋，书中自有颜如玉" "一千个读者眼中就有一千个哈姆雷特"，书籍记录的是那些伟大名人和古代先贤的思想与智慧，多从书中汲取些营养，可以帮助你开阔眼界、增长见识、增加知识面，满腹经纶的你在同龄人面前又怎能不自信满满呢？

参加运动

参加运动可以帮助你提高自信心。人们常说：心灵和身体总要有一个在路上。如果你不喜欢看书，那么就去运动吧！长跑、游泳、球类运动都是很好的选择，经常运动的人无论是身体还是心理都会有较好的发展。

打篮球的青少年

出游

　　出游可以帮助你提高自信心。到大自然去、到博物馆去、到动物园去……出游是让你增长见识的最好的方法，每到一个地方你都会领略不同的自然风光、人文习俗，还可以品尝不同的美食，体验不同的风土人情。这些都会带给你不同的体会和价值，见识多了，自然就有了自信。

吸烟酗酒不是酷

···

吸烟和酗酒是青少年群体中比较常见的不良行为，对青少年的身心健康危害极大。你是否也时常有想尝试吸烟或酗酒的冲动和想法呢？如果有，请及时把它扼杀在摇篮里，因为吸烟酗酒不是酷，而是危害你健康的"恶魔"。

青少年为什么会吸烟酗酒

你身边有没有吸烟酗酒的同学和朋友呢？你是否想过他们吸烟酗酒的原因呢？作为新时代的青少年，吸烟酗酒的行为是万万要不得的，只有充分了解吸烟酗酒行为的影响因素，才能帮助你从根本上避免这些不良行为的发生。

★ 心理因素

青春期特殊的心理状态是吸烟和酗酒行为的重要影响因素。

青春期少年好奇心强，探索欲强，因此很容易受到烟酒的诱惑或者受他人的蛊惑而去尝试接触烟酒。

从年龄来看，青少年正处于青春期，心理比较敏感、脆弱，易受他人的影响，容易产生从众心理或者逆反心理，这些青春期特有的心理特征也有可能会导致吸烟、酗酒等不良行为的发生。

很多青少年在被问到"为什么吸烟酗酒"时，都回答说是因为好奇，因为看到身边的大人或者电视上的偶像也会经常吸烟喝酒，觉得这样很酷，所以想尝试一下是什么味道，从而引发了初始吸烟行为，而吸过一次之后，就一发不可收拾，再也停不下来了。

青少年积极探索、渴望被认可是非常正常的心理，但是也应该对自己的身心健康有高度的重视，在这个时期，你会渴望独立和自由，希望在同龄人群体中获得认同感，如果周围有吸烟酗酒的同龄人，受从众心理的影响，你也可能会为了获得信任感和认同感而追随同伴开始吸烟酗酒。

此外，有调查发现，青少年压力大无处排解，很有可能选择错误的解压方式，如吸烟酗酒。父母管得太严、学习成绩不理想、人际关系不好等都会导致较大的压力，在这些压力的影响下，青少年吸烟酗酒的概率也就大大增加。如果你此时正承受比较大的压力，要学会用正确的方法来排解压力，比如跑步、游泳、跳舞、画画、唱歌、听音乐等，显然，压力大不是你吸烟酗酒的理由。

总之，如果你身边也有吸烟酗酒的朋友，或者你现在也正因为好奇而蠢蠢欲动，不妨把自己的从众心理和好奇心收一收，烟酒的味道并不好，更会损害你的身心健康！

★ 家庭因素

家庭环境因素也会影响青少年的吸烟酗酒行为。父母对待吸烟酗酒的态度、父母是否吸烟酗酒、家庭环境是否和谐等都可能会导致青少年的吸烟酗酒行为。

如果父母吸烟、喝酒，那么青少年受其影响，也可能会尝试；此外，在单亲家庭或者父母关系不和谐的家庭中成长的青少年，进行吸烟酗酒行为的概率也比较大。

★ 社交因素

同伴吸烟酗酒是青少年吸烟酗酒行为的重要影响因素，一方面增加了青少年暴露在吸烟环境中的概率，另一方面也增加了被他人劝烟劝酒的可能性。曾经有不少青少年在接受采访时说过，最难拒绝的就是好朋友给的烟和酒。

青少年吸烟酗酒会导致严重的后果

吸烟对青少年的影响多是生理上的，频繁地吸烟会危害青少年的身体健康，引发一系列疾病，给健康的身体埋下患病的隐患。

与吸烟不同，酗酒带来的后果要严重得多，不仅会损害青少年的身体健康，还会影响智力或心理健康。

217

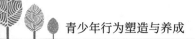

★ 损害肠胃和肺部健康

饮入的酒进入身体之后，大约有20%的酒精会立刻被胃吸收，其余的被小肠全部吸收。被吸收进血液里的酒精，大概有10%经过汗液、尿液以及呼吸排出体外，其余的90%要全部经过肝脏吸收解毒，所以，过量酗酒会对人体的组织器官和各个系统都产生很大的损害。

★ 危害神经系统

酒精对人类的中枢神经系统的危害是最大的。中枢神经系统有兴奋和抑制作用，少量饮酒可以使人兴奋，过量则会形成抑制作用。如果饮酒过多，就会脸红、乱说胡话，站立不稳以至醉倒、呕吐等。随之昏睡，面色苍白，血压下降，最后陷入昏迷，严重的还可以引起呼吸困难、窒息，造成酒精中毒甚至死亡。

★ 降低智力和诱发疾病

青少年的神经系统还比较稚嫩，仍在发育当中，自制力相对较差，喝酒之后容易行为失控，从而导致某些心理疾病，比如心理脆弱、焦虑、智力缺陷等。研究表明，在经常喝酒的人中，大概有15%会患上各种精神类疾病。

吸烟酗酒对你百害而无一益，不仅会影响你的身体健康，还会影响你的心理健康，所以，从现在开始，要坚决地对吸烟酗酒这种不良行为大声说"不"！

如何远离烟酒伤害

如果你的父母也是吸烟酗酒的人，那么你不仅会受到二手烟的伤害，还可能会遭受父母酗酒之后在不清醒状态下的语言或者暴力伤害，所以，你要及时与父母沟通，表达你对他们健康的关心以及自己对这种行为的厌烦态度，为了你和自身的健康，相信父母也一定会愿意积极尝试减少或戒掉吸烟与喝酒这些行为。

如果你的同伴中有吸烟酗酒的人，那么在他们劝你吸烟喝酒或者给你烟酒的时候，你一定要学会拒绝，坚决地说出"我不要"三个字，这是对你自身健康的负责。如果在你拒绝多次后，朋友仍然试图劝说你与他们一起吸烟酗酒，那么此时你就需要远离他们了，去交一些志趣相投、更值得信赖的朋友吧！

除此之外，你还要学会控制住自己对烟酒的好奇心。正值青春期的你易受环境影响，不容易辨明危害，极易尝试自己好奇的食物，所以容易对烟酒产生兴趣。对此你可以去主动查找和翻阅关于烟酒危害的知识和资料，充分、全方面地了解烟酒，并对吸烟酗酒有一个正确、清晰的认识。还可以做点其他的事转移一下注意力，画画、学乐器、打球、健身都是不错的选择，将自己的好奇心转移到对身心健康有益的事情上来，才能远离烟酒，远离伤害。

随感笔记

吸烟酗酒并不是很酷的事情，对此要有清楚的认识。只有明确地分清楚不良行为和健康行为，远离、摒弃不良行为，才能守护身心健康，才能有更灿烂、美好的未来。

远离不良行为，有以下几个要点。

- 丰富知识，正确认知烟酒危害。
- 摒弃从众心理，坚持做自己。
- 对于同伴的不合理邀请与要求应勇敢拒绝。
- 多与志趣相投的朋友交往。

作弊、偷盗，并不能瞒天过海

作弊和偷盗也是当代在青少年中比较常见的不良行为，充分地了解产生这两种行为的原因和影响因素，可以帮助你远离这两种不良行为。

这些心理可能引发作弊行为

★ 虚荣心

争强好胜、"要比别人强"的心理在青少年的身上表现得较为明显，在这种心理的作用下，一些想要好成绩但是又不愿意付出努力好好学习的学生，就会用作弊这种投机取巧的手段来达到自己的目的。

人无完人，每个人都有自己擅长和不擅长的地方，你在成长的道路上，不必事事都争第一，要懂得扬长避短，要能发现自己身上的优点，将自己的优势尽数发挥出来就是最大的成功。

★ 侥幸心理

很多青少年学业压力大，父母的期望也往往比较高，"好成绩"是老师和父母加给孩子最沉重的压力，每一场考试对他们来说，无疑就是压力的来源。成绩好的同学自然不会担心考试，而成绩不好的同学为了得到更好的成绩，就想到了作弊。他们通常都会存在一种侥幸心理，认为"作弊不一定会被抓到""作弊说不定能取得好成绩"，而这种侥幸的心理就会促使他们把想法付诸实践。

如果你在考试的时候也存在这样的侥幸心理，想要用作弊来完成考试，那么，要尽快把这种侥幸心理丢掉！不要为了好成绩就去作弊，作弊只是一种自欺欺人的手段罢了。

★ 从众心理

现在的学生学业压力较大，如果周围经常有依靠作弊而取得好成绩的同学，又没被发现，这难免会激发他们的从众心理，也想剑走偏锋，冒险一次。

作弊并不能瞒天过海，即使你身边有作弊成功的同学，但是也不能任由自己受从众心理驱使而去作弊。

这些心理可能导致偷盗行为

★ 片面的物质需求心理

人们生活在这个世界上，有五个基本的需求，分别是：生理需求、安全需求、社交需求、尊重需求和自我实现需求，其中，生理需求是最低层次的需求。而对于青少年来说，对于物质的向往和追求是他们满足生理需求的重要方面。

小森马上要过生日了，她想要一个玩具人偶，可是父母平时对她管教很严，认为小森与其花费时间在人偶上不如多看看书，父母也很舍得为小森买书、买漂亮衣服，唯独对小森喜欢人偶感到不理解，认为小森沉迷人偶简直是不务正业。小森在网上看到一个很漂亮的人偶后心生欢喜，可是自己又没有足够的零花钱，于是产生了偷拿家里的钱的想法，尽管小森知道这种想法和做法不对，但她实在是太喜欢那个人偶了，最终还是偷偷拿钱购买了这个人偶。当然，这件事最后被小森的父母知道了，父母批评了小森，小森也认识到自己的错误，将人偶主动退货并向父母道歉和保证此后再也不做这样的错事了。

从小森的案例来看，导致小森偷窃行为产生的重要原因是她内心深处的物质欲望。

对于青少年来说，喜欢某一件物品，想要拥有它，这种物质欲望是很正常的，并没有什么错误，但是如果以偷盗这种非法的手段来满足这种欲望，就是十分不可取的行为。

青少年没有独立的经济能力，缺乏独立可靠的物质生活来源，如果你的父母没有满足你基本的物质需求，那么就需要你与父母积极沟通，提出自己的需求与欲望，父母自然会想办法满足你，切不可用偷盗这种行为来

获取自己想要的东西。

★ 盲目冲动的侥幸心理

很多青少年的偷盗行为往往是在侥幸心理的驱使下产生的。处在青春期的青少年，有时无法控制自己的欲望，又不愿与父母深入沟通，冲动之下难免误入歧途，铤而走险。如果父母无法满足他们的需求，他们就会用不正当的手段来获取。

侥幸心理往往会给青少年错误的心理暗示，会让青少年觉得"我就拿一点，应该不会被发现"，殊不知，当你开始有这种侥幸心理的时候，就在违法的边缘徘徊了。

法律是庄重严肃的，作为青少年，应该对法律有深刻的认知，克服侥幸心理，坚决杜绝偷盗行为。

★ 扭曲的尊重需求心理

每个人都有尊重需求，每个人都希望得到他人和社会的尊重和认可。在社会飞速发展、物质生活水平极速提高的今天，物质的富裕成了显示实力和地位的一个明显标志。有些人错误地认为，自己的物质生活越富裕、生活的档次越高，就容易获得别人的尊重。在贫富差距依然很大的当今社会，有很多贫苦少年为了追求物质富裕，得到同伴的尊重，而走上了偷盗的不归路。

寻求尊重并没有错，但应真正明白受人尊重的应该是个人修养、品德、良好言行举止，而绝非金钱的多少。为了物质欲望而使用违法的手段更是不可取的。

你应该知道，物质并不是自我价值的标志，物质富裕并不是得到尊重的标准，要及时走出以拥有物质财富的多少进行自我价值评定的误区。

远离作弊和偷盗，文明健康成长

　　虽然作弊和偷盗是两种不同的行为，本质上也有些差异，但是这样两种行为都是青少年常见的不良行为，对青少年未来的发展存在十分消极的影响。请记住，作弊、偷盗，并不能瞒天过海，反而可能会让你自己陷入违法的境地。

 随感笔记

　　作为当代青少年，规范自己的言行是十分重要的，作弊、偷盗等不良行为万万做不得。要时刻正视作弊和偷盗等行为的性质，远离不良行为，做积极正直的青少年。

　　正视作弊和偷盗行为，有以下几个要点。

- 偷盗是违法行为，情节严重者会被强制管教。
- 作弊换来的成绩没有任何意义，诚实是人类最重要的品质。
- 作弊和偷盗行为反映了一个人的不成熟的人格，是道德品质不佳的表现。

规范网络言行，巧辨"网络陷阱"

随着信息技术的快速发展以及计算机、平板、智能手机等电子设备的广泛普及，网络在人们的生活、工作和学习的过程中发挥着越来越重要的作用，越来越多的人在网络的虚拟世界里诉说着自己的故事，发表着自己的言论与看法，但随之而来的也有一些问题。

近年来，网络暴力成了一种新型的暴力形式，有一些人在网络上肆意攻击、谩骂、诽谤他人，给受害者带来了巨大的心理压力，从而导致焦虑、狂躁、抑郁等心理问题。网络并不是法外之地，在网上发表言论也需要规范自己的言行。

一项调查显示，在中国有超过 2 亿的网民是青少年学生，可以说青少年是中国网民重要的组成部分。

青少年容易受误导，容易被一些不怀好意的人利用，也往往认识不到网络语言表达不当可能引发的严重后果，因此青少年更应该规范自己的网络言行，注重网络礼仪。

客观看待网络事件，理性发表网络言论

常见不妥网络言行

★ 网络用语不逊

网络用语不逊就是指一些青少年在网上冲浪时说假话、不文明的粗话、夸大其词、弄虚作假甚至说脏话。

个别青少年在网上谩骂、攻击别人，甚至还会用粗鲁的语言对别人进行人格侮辱；有的青少年在网络交流的时候给别人提供虚假信息，甚至有些人谎话连篇……这些都是网络用语不逊的表现。

★ 网络使用不端

目前，青少年使用网络进行的活动主要有上网课、搜索信息、观看电子杂志、网上预订（酒店、票务、挂号）、浏览新闻、论坛/BBS 讨论组、在线观看或下载视频、在线收听或者下载音乐、打网络游戏、网上购物、网上聊天、个人主页空间、办理电子政务（网上投诉、网上审批、网上监督）、网络交友、参加网络社区俱乐部等。由此可见，青少年在网上从事的活动十分丰富，既有物质层面的，又有精神层面的；既可以交友，又可以恋爱；既可以学习，又可以娱乐。

但是，不是所有的青少年都会遵守网络基本礼仪，比如一些青少年在查找资料时奉行拿来主义，尽数引用别人的研究成果或剽窃他人的创意、作品；有些青少年进行网络诈骗，从而获取不义之财；还有些青少年在网上买彩票甚至参与赌博，构成了违法行为。

★ 网络行为不轨

有一些青少年在网络上是一些越轨行为的肇事者和组织者，比如成瘾行为、色情行为、侵权行为、赌博行为、欺骗行为、欺凌行为、盗窃行为、攻击行为等。

阿青是一名初中生，一天在上网玩游戏的时候，屏幕上突然弹出一个网页，写着"线上博彩，以小博大"，出于好奇，阿青点了进去，看到的是各种各样的网络彩票，玩家可以根据自己的喜好下注，中了就会获得相应的金钱奖励。心想着尝试一下的阿青，却深陷其中，一发不可收拾。赢了想赢更多，输了想再赢回来，结果却越输越多。

最后，阿青不仅把零用钱和压岁钱全都输光，还欺骗父母说学校要求缴费，把要来的几千块钱全都输了进去。

为了把输的钱赢回来，阿青选择了偷家里的钱，陆陆续续偷了几次，也都输光了。还好父母及时发现并制止了阿青的网络赌博行为。但是，那些输掉的钱却成了阿青心里的一根刺，久久不能释怀。

如果你在上网的时候也有上述这些言行或者行为不规范的地方，那么，从现在开始就要有意识地规范自己的网络言行，不要随便点击含诱导信息的违法网页，做文明合格的青少年网民。

辨别"网络陷阱"

网络已经成为当代年轻人的主要活动场地，网络的发展给人们的生活带来了精彩和便利，但同时也带来了很多麻烦，网络骗局就是其中危险的一个。

充分了解下面这些网络骗局，能够帮助你在上网时避开陷阱，保护人身和财产安全。

★ 助学金、补助金诈骗

现在，有很多不法分子会在网上谎称自己是发放学生助学金、补助金的慈善机构的工作人员，想要领取这笔"资金"，你就需要提供银行卡、身份证、电话号码等个人信息，才能拿到钱，有的还会给你一个英文网站，让你按照他们的指示操作，也许你在操作的过程中，对方就会把你银行卡中的钱全部转走。

请记住，正规渠道的奖学金和助学金都会由学校或者机构通过正规流程发放给学生，所以如果你在网上看到类似的消息，千万不要相信。

★ 网购退款诈骗

网上购物已经成为一种普遍的购物方式，而一些不法分子就针对网购进行诈骗。

一些不法分子在行骗之前，往往会先把你的购物信息说得很清楚以打消你的疑虑，然后谎称你购买的商品有退款，再发给你一个退款链接，但是等你点击退款链接的时候，就已经踏入了他们的陷阱，如果按照他们的指示操作，很有可能钱就被骗走了。

遇到这样的情况，你首先要去网购平台确认自己购买的物品是否有退款的情况，及时与卖家联系，确认信息的准确性，切不可直接点击链接，落入诈骗者的陷阱。

★ 冒充国家机关诈骗

大多数人在听到自己有违法犯罪行为的时候都会很紧张，而一些不法分子就利用人们的这个心理，冒充是国家机关的工作人员，谎称"你有违法行为"，需要交一笔钱或者罚款到指定的账户，如果你一时紧张，轻信了他们的话，很可能钱就会被骗走。

你应该充分相信自己，只有自己才最清楚有没有做过违法之事，不要轻信这些诈骗分子的话。

★ 冒充理财公司诈骗

现在有很多冒充理财公司的诈骗分子能够准确地说出你的账户和个人信息，从而让你放松警惕，说他们最近有几款不错的理财产品，诱骗你进行理财转账。

凡是遇到有人和你说"低投资、高收益""免费贷款"等理财信息，不要轻易相信，打电话到相关部门去核实一下，才是最稳妥的。一般来说，正规理财公司不会"邀请"青少年去理财。

提高财商，杜绝奢侈

当前，财商被认为是继智商和情商之后的另一个重要的生存技能，情商、智商、财商这三者被认为是现代社会三大不可或缺的基本素质。

财商指的是一个人对于金钱的认识与驾驭能力，在经济飞速发展的今天，如果你缺乏对金钱的判断力，不了解财富的形成，那么你就很难实现人生的目标与价值。

一项针对二千多名未成年罪犯和一千多名普通未成年人的调查显示，这些未成年人罪犯平时得到的零花钱明显高于普通未成年人。关于零花钱的用途，许多未成年罪犯违法之前对零花钱并没有详细的概念，只知道手中的零花钱越多，他们出入歌舞厅、酒吧、游戏厅、网吧等场所的频率就越高。在参与调查的所有未成年罪犯之中，有 70% 以上是因为抢劫、盗窃等与"钱"有关的罪名而锒铛入狱。

很多未成年人之所以走上犯罪的道路，在很大程度上是因为他们从小没有受过良好的理财教育，没有树立正确的金钱观。所以，提高财商是青少年在成长道路上必修的一课。

如何提高财商

★ 学会自立

在国外很多国家，无论家里多么富有，6 岁以后的男孩子都需要通过给邻居家草坪剪草或者送报来赚取零花钱，父母用这种方式来从小培养孩子的自立能力，培养他们对于金钱和劳动的认识。

作为青少年的你，也可以用这种方式来培养自己的自立能力，在家里可以做爸爸妈妈的小帮手来赚零花钱，做一些力所能及的事情，比如洗碗、打扫卫生、遛狗等，把做家务当成一份工作并请父母支付给你一份工资，这样你才能体会到金钱来之不易，从而培养正确的金钱观。

★ 建立正确的消费观

比尔·盖茨说："花钱花得有智慧，和赚钱一样难。"由此可见，合理消费，其实也是一门很深的学问。在平时的学习和生活中，你可以多与有正确消费观念的同学交流，所谓近朱者赤近墨者黑，他们对你潜移默化的影响对培养你的财商有很重要的作用。

在交友、消费时，要结合自己的经济实力，不要打肿脸充胖子，根据自己的实际需求来选择与自己承受能力相匹配的消费，减少冲动消费和报复性消费。

★ 合理分配零花钱

记账是一种很好的提高财商的方式，父母给你零花钱以后，你可以把花的每一笔钱都记录下来：买了什么，为什么买，花了多少钱等。这样你才能清楚看到零花钱都花在了什么地方，哪些是必须花的，哪些是应该花的，哪些是不应该花的，都可以一目了然。

　　坚持一段时间之后，你就会习惯性地把那些不该花的钱省下来，把零花钱都用在刀刃上。

杜绝奢侈，勤俭节约是美德

　　现在有很多青少年过于追求名牌衣服、名牌鞋子、名牌首饰等，甚至有很多学生全身上下都是名牌，动辄就花费好几千甚至上万。要知道青少年没有自主赚钱的能力，花费的都是父母辛辛苦苦赚来的血汗钱，所以，青少年从小就要培养勤俭节约的美德，在上学的年纪，需要杜绝奢侈的消费观。

　　培养勤俭节约的精神，需要从生活中一点一滴的小事做起。请记住这样一个道理："细水可以长流，节俭也是财。"

　　我们在生活中每天都会遇到很多的小事，但是，请不要小看这些小事，良好的习惯的养成都是从这些微不足道的小事做起的。比如，学会珍惜自己和别人的劳动成果，爱护家里、他人以及集体的财物；节约每一粒粮食，争取每顿饭都做到光盘行动；节约每一滴水，洗手后要关紧水龙头，洗衣水、淋浴水可用来冲厕所；节约每一张纸，不乱扔白纸，用过的纸反面可以写草稿；爱护学校的桌椅、门窗、教学仪器和体育设备等。

追星有度，榜样要励志，成为更好的你

　　追星是现在青少年群体谈论较多的一个话题，每个人在青春年少的时候都会有自己的偶像，是偶像的力量才让你成为更好的自己。但是，现在也有很多青少年疯狂追星，为偶像做出很多荒唐的事情，失去了追星本来应该有的意义。

　　作为青少年，要理性追星，让偶像发挥其良好的榜样力量。

你是否存在这些非理性追星行为

★ 不顾后果地追捧自己的偶像

　　有很多青少年为了追星，通常做出一些不计后果的行为，最后让自己和家人都纷纷受到伤害。比如，为了听偶像的演唱会，用自己的零花钱买门票、买机票、订酒店，不远万里只为见偶像一面；再比如，疯狂地收集偶像的签名照、各种影像资料，花费了大量的金钱、时间和精力，最后连学业都耽误了。

小杨（化名）苦苦追了自己的偶像6年，她看遍了偶像所有的影片，唱遍了偶像所有的歌曲，之后辍学开始疯狂追星。小杨的父母劝阻无效后，多次筹款帮助女儿在全国各地参加偶像的应援活动，只为圆小杨的追星梦，让她和偶像近距离接触。这6年间，因为小杨的疯狂追星，家里变得倾家荡产，小杨也因为荒废学业而一事无成。

★ 为了引起偶像的注意，不择手段

有一些青少年，为了引起偶像的注意，用尽各种方法，甚至不择手段，最后伤害了自己和家人，同时也伤害了偶像，比如在大型活动现场向偶像表白，不顾安保人员的拦阻，强行与偶像发生肢体接触等。

★ 打探偶像日程，跟随偶像脚步到处飞

有一些青少年，为了时常能够见到偶像，不惜花费重金，跟随偶像的脚步时刻陪在偶像身边。偶像所在的活动现场总能看到他们的身影，甚至把追随偶像当作是最重要的事，最后荒废了学业，断送了未来。

如果你也有自己的偶像，你在追自己偶像的时候也曾有过类似的不理智行为，那么，是时候反思自己了。

偶像可以给予你前进的动力，你要做的是在正能量的影响下变成更好的自己，将来有一天成为一个像偶像那样闪闪发光的人，而不是不计后果、不择手段地去追捧偶像。请记住，追星要有度。

理性追星

很多青少年都有自己的偶像，他们也乐于将追捧偶像变成自己的一种信仰，但是作为青少年，追星要理智，选择真正能够为你带来正能量的偶像，在榜样力量的帮助下更加积极向上。

在社交软件上看到偶像发布的动态，不要盲目地跟风评论，要能够进行独立思考，为偶像发表的意见是否妥当，学会用理性的态度对待偶像。

★ 理性购买偶像代言的广告产品

有很多青少年为了给自己的偶像打 call，一股脑地把偶像代言的产品全都买了一遍，实际上能用到的却少之又少，最后只是花钱买了一些用不到的东西堆放在家里。

对于偶像代言的产品，你一定要慎重理性地进行选择，从自己的角度出发来考虑，看自己是否真的需要这个产品，产品的价格是否合理，然后再决定是否购买。

★ 学习偶像的优点，摒弃明显的缺点

偶像作为榜样而存在，所以你的偶像应该要有你值得学习的地方，无论是个人才华、人品、价值观还是待人处事的方法，都应该有你可以学习的地方，如果你的偶像除了外表好看其他一无是处甚至劣迹斑斑，那么，这时你就应该想想这个偶像是否还值得继续追下去。

当别人辱骂自己偶像的时候，不要急于反击、逞口舌之快或大打出

手，更不能做违法的事情，要理性分析、客观对待。

★ 时常思考自己为什么要追星

正值青春期的你，追求美好的事物很正常，对你来说，偶像就是众多美好事物中最耀眼的一个。

但是，自己也要静下心来思考一下，自己为什么要追星呢？在追星的过程中自己收获了什么？自己的偶像给自己带来了什么样的正能量？在追星的同时，自己的学业、思想是取得进步、更成熟，还是荒废了、做事更冲动和盲目了？……如果这些问题你想不出来答案，那么就要认真想一想追星的意义以及要不要继续追星了。

参考文献

[1] 江晓兴，华夏智库出品 . 青少年行为心理学 [M]. 北京：中国商业出版社，2018.

[2] 荣文婷 . 儿童青少年行为心理学 [M]. 北京：西苑出版社，2020.

[3] 黄建华 . 当代青少年行为教育研究 [M]. 北京：九州出版社，2018.

[4] [美] 比格兰著，黄秀琴译 . 青少年行为问题预防与心理干预 [M]. 北京：人民卫生出版社，2011.

[5] 慧杰，华夏智库出品 . 青少年叛逆心理学 [M]. 北京：当代中国出版社，2019.

[6] 张芳 . 青少年成长励志 8 册 [M]. 长春：东北师范大学出版社，2019.

[7] [美] 柯维著，陈允明等译，中青文出品 . 杰出青少年的 7 个习惯（成长版）[M]. 北京：中国青年出版社，2015.

[8] 韩菁 . 青少年冒险行为研究综述 [J]. 中国青年政治学院学报，2008(2)：1-6.

[9] 薛壮，严文刚 . 极限运动的特点和发展趋势研究 [J]. 体育文化导刊，2018(12)：30-34.

[10] 朱红香，于素梅.论极限运动与健康 [J].北京体育大学学报，2002(5)：709-710.

[11] 胡悦.亲子沟通与青少年健康成长 [D].哈尔滨：哈尔滨工程大学，2007.

[12] 谢兴.学生厌学逃学的成因和对策探究 [J].青少年日记，2017(6)：110.

[13] 蒋林晏.中学生吸烟行为的现状及其影响因素研究 [D].扬州：扬州大学，2016.

[14] 董芳.酗酒害处多，青少年更要防 [J].青春期健康，2016(9)：46.

[15] 段开锐.青少年盗窃行为心理因素及其预防 [J].中学教学参考，2016(21)：100.

[16] 郑晓皖.浅论青少年学生学业作弊现象及其对策 [J].希望月报（上半月），2008(02)：56-57.

[17] 段兴利.青少年的网络礼仪教育 [A].国家社科重大项目"从稳定到有序"课题组、吉林大学哲学社会学院劳动与社会保障系.2011年中国社会学年会——"社会稳定与社会管理机制创新"论坛论文集 [C].吉林大学哲学社会学院，2011.

[18] 吴文前.儿童财商教育方法应用探析 [J].教育与教学研究，2011，25(5)：50-52+73.

[19] 木水.青少年追星现象分析与对策 [J].新长征，2002(8)：55-56.

[20] 林路.跑步者说 [M].北京：北京千华驻科技有限公司，2016.

[21] 尹文君.孩子暑期参加公益活动好处多 [EB/OL].黄山文明网.http://hs.wenming.cn/lunshu/201708/t20170808_4668775.html，2017-08-08.

[22] 王薪源.关爱老人义工联盟志愿者招募 [EB/OL].博客中国.https://galryglm.blogchina.com/505799.html，2008-04-05.

[23] 教育评论员说 . 志愿者应该具备哪些素质素养 [EB/OL]. 百度知道 . https://zhidao.baidu.com/question/1574337306575943940.html，2019-09-08.

[24] 明喃 . 正确的跑步的技巧 [EB/OL]. 360 新知 . http://xinzhi.wenda. so.com/a/1523590683610757，2018-04-13.

[25] 成都博沃思教育 . 如何培养青少年的交际能力 [EB/OL]. 口才学习网 . https://www.qinxue365.com/kczx/433058.html，2021-05-20.